U0958881

走进广州好教育丛书·好教师系列

ZOUJIN GUANGZHOU HAOJIAOYU CONGSHU
HAOJIAOSHI XILIE

马玉湖◇著

英语索途

一位英语教师的求索之路

北京师范大学出版集团
BEIJING NORMAL UNIVERSITY PUBLISHING GROUP
北京师范大学出版社

图书在版编目(CIP)数据

英语索途 ：一位英语教师的求索之路 / 马玉湖著．—北京：北京师范大学出版社，2019.4
(走进广州好教育丛书．好教师系列)
ISBN 978-7-303-23546-9

Ⅰ．①英… Ⅱ．①马… Ⅲ．①英语课—教学研究—中小学
Ⅳ．①G633.412

中国版本图书馆 CIP 数据核字(2018)第 041297 号

营销中心电话 010-58802181 58805532
北师大出版社职业教育与教师教育分社网 http://zjfs.bnup.com
电子信箱 zhijiao@bnupg.com

YINGYU SUOTU YIWEI YINGYU JIAOSHI DE QIUSUO ZHILU
出版发行：北京师范大学出版社 www.bnup.com
北京市海淀区新街口外大街 19 号
邮政编码：100875
印　　刷：北京溢漾印刷有限公司
经　　销：全国新华书店
开　　本：787 mm×1092 mm 1/16
印　　张：14.5
字　　数：210 千字
版　　次：2019 年 4 月第 1 版
印　　次：2019 年 4 月第 1 次印刷
定　　价：36.00 元

策划编辑：郭　翔　　责任编辑：赵媛媛
美术编辑：焦　丽　　装帧设计：焦　丽
责任校对：韩兆涛　　责任印制：陈　涛

总序一

《国家中长期教育改革和发展规划纲要（2010—2020 年）》提出：“办好每一所学校，教好每一个学生。”几年来，各地涌现出了一批好学校、好校长、好教师。总结和推广他们的经验，是推动我国教育改革和发展，提高教育质量，促进教育现代化的强大动力。广州市是我国改革开放的前沿，不仅有着深厚的文化积淀，而且在改革开放中敢为天下先，在教育领域积累了许多新经验。广州市教育局在《广州市教育事业发展第十二个五年规划》文件“办好让人民满意的教育”的要求下，决定组织编写“走进广州好教育丛书”，实在是适逢其时。这是对广州市多年来教育改革创新的一次总结，也是对广州市今后教育改革的一次推动。

根据编委会的设计方案，丛书拟从广州市 1000 多所中小学校、10 多万名教师中选出 10 所“好学校”、10 名“好校长”、10 名“好教师”列入首批出版计划。他们有的是已有 100 多年建校历史，积淀了深厚文化内涵，至今仍然在不断创新中继续勃发着育人风采的老学校；有的是办学时间不长，但在全校教职工磨砺创业、共同耕耘下办出水平的新学校。他们有的是办学理念先进、充满活力、管理经验丰富的好校长；有的是师德高尚、业务精湛、热爱学生的好教师。总之，他们热爱教育事业、热爱每一个学生，创造了卓越的成绩，是好学校、好校长、好教师队伍中的典范。

当前，我国教育正处在由数量发展转向质量提高的转折点上。到2020年，我国要基本实现教育现代化。教育现代化的实质就是要培养现代化的人。教育要回到原点，立德树人，培养具有为国家、为人民服务的责任心，具有创新精神和实践能力，并且具有国际视野和国际交往能力的人才。教育大计，教师为本。我们的校长和教师要立足中国，放眼世界，转变教育观念，改变人才培养方式，促进教育现代化的进程。

我希望广州市在编写“走进广州好教育丛书”的过程中继续挖掘先进人物和新鲜经验，率先实现教育现代化。

2016年7月

总序二

2014年的教师节前夕，我写了一篇《广州教育赋》，后来这篇文章在《中国教育报》上刊登了。在这篇赋中我有这么几句话："大信不约，好校长何止十百；大爱无疆，好老师何止百千；大成不反，好学生何止千万；大道不违，好学校就在此间。"中心意思是说，广州好教育是由十百千万的好校长、好教师、好学生和好学校共同铸成的。正是有着他们的大信大爱和大成大道，广州作为国家重要中心城市之一，在教育，尤其是基础教育方面，才能卓有建树，我们也才有可能推出一套"走进广州好教育丛书"。

在这篇序言中我想表达三个朴实的想法。

第一个朴实的想法是，一座城市的教育发展单靠一两所名校，几位名师、名校长是支撑不起来的。能够为这座城市源源不绝地提供人才智力资源的应该是有那么一大群校长、一大批教师和一大拨学校。他们形成一个个各具怀抱的优秀群落，为这座城市辈代不绝地做着贡献，那我们就要为这一个个优秀群落树碑立传。对于广州这样有着将近1500所中小学的特大型城市而言，我们特别有理由这样做。正是有着他们的大信不约(《礼记·学记》)——真正的信义不需要盟约，他们才会在每一所学校不断坚守；正是有着他们的大爱无疆——博大的仁爱无边无际，他们才会为每一个学生殚精竭虑；正是有着他们的大道不违(原为"大道无违”，《晋书·嵇康传》)——不违背教育的使命与历史发展的规律，他们才会为每一个进步中的时代进行着生动的背书。有了他们，才会有一座城市的教育；有了他们，才会有一座城市的发展。有人要问，这套“走进广州好教育丛书”出齐会有多少册？老实说，我也不能确定。这第一批推出的30册只是一个开始，但我相信，只要这座城市在发展，属于这座城市的教育大赋就一定不会有画上句号的时候，它一定会以这样或那样的形式展现出来。

第二个朴实的想法是，对于基层教育工作者来说，我们真正需要掌握的教育规律和教育法宝就那么几条，如果我们钻进教育思潮的各种主义与模式的迷宫中不得而出，那就容易忘记教育最基本的追求。几年前，广州一个区的教育论坛请来了顾明远先生，顾先生在论坛上说：“没有爱就没有教育，没有兴趣就没有学习。”我们深以为然。教育理论当然有很多，都值得我们认真学习，其他不讲，仅“因材施教”和“有教无类”两条，在我们的教育实践中是否做到了？我相信，如果我们做到了，那我们就有可能进入好教师、好校长、好学校的序列。所以，在这套丛书中，我们特别看重的是重返教育现场，讲好教育故事，今往兼顾，名特相谐。丛书所列既有杏坛前辈，也有讲台新秀；既有百年老校，也有后起名品；各好其好，好好共生。早在100多年前，广州教育就已经在现代化进程中开风气之先。比如说鼎鼎有名的万木草堂，20世纪20年代开辟新学堂；再比如说最早在广州推行开来的六三学制。在当下的教育大格局中，广州教育自然也不能落后，要有广州的好教育。

第三个朴实的想法是，好教育需要有一个好的教育生态。习近平总书记说：“我们的人民热爱生活，期盼有更好的教育。”我们要努力办好让人民满意的教育，那这个教育上的“好”应该体现在哪些方面？除了上面提到的好学生、好教师、好校长、好学校之外，好的教育生态应该是一个必不可少的要素，这其中的一个重要标志就是能够形成尽可能多的教育共识。我们组织编写这套“走进广州好教育丛书”，一个目的就是通过展示我们的教育实践来推动形成更多的教育共识：原来在我们这座城市，在我们身边，就有这些好的教育，值得我们称赞，值得我们珍惜。我们的教育要全面上水平、走前列，这行进过程中积累起来的好教育基础就是我们不断奋力前行的保证。

最后，作为这套丛书的策划者，我要特别感谢北京师范大学出版社，我仍记得三年前，时任北京师范大学副校长的杨耕同志领着北京师范大学出版社的朋友们和我们讨论这套丛书编写出版规划时的热烈情景；另外，我要特别代表广州市教育局感谢顾明远先生为本套丛书作序；还要感谢总主编吴颖民先生以及华南师范大学、广东第二师范学院、广州大学的分册编委的专家团队，正是有他们的认真组织和每一位分册作者的孜孜以求，这套丛书才得以和各位读者见面。

2016 年 7 月

序

XU

当前的课程改革呼唤着教师的专业化成长。教师的专业化成长既是一种发展理念，又是一个不断提升的进程。马玉湖老师的这本《英语索途——一位英语教师的求索之路》，展现了一位英语教师耕耘几十载，不断求索，完善自我，发展教育教学新技能的精彩历程。教师应该拥有一种职业理想及专业化发展的抱负，而激情就源自理想。通读本书我们会发现，一位苦苦追求教育理想的教师，用自己的笔端写出了自己的心声，写出了自己与学生、家长、教师共同成长的心路历程。

马玉湖老师是一位有着明确目标的教育工作者，是一位挚爱英语教育的贡献者，是一位热心于英语教育的探索者与追求者，是一位愿意付出并独立思考者。他总是以自己的思想、道德、人格、情感、行为和学识感染学生，吸引学生，影响学生，使学生乐于接受他的教育和指导，从而使他们走上充满理想和光明的道路。马老师低调做人，高调做事；磨砺心镜照汗颜，教书育人兴师德。他常常又“胡思乱想”，与众不同，以思考体现自己的存在，以思想展示自己的尊严，以自我嘲弄消除自己的尴尬，以自我批判提醒自己的无知。

他秉承“为人师表，教书育人”的教育理念，彰显了人民教师的风格；他肩负着“民族复兴，人才为先”的使命，面向全体，注重个性，诠释了教育的价值与意义；他直面挑战，勇于改革创新与探索，让人更真切地感受到了教师的意志硬度和精神韧性。在马老师成长的道路上，他不停地思索，彰显个性魅力；他不断地实践，重塑教师专业化角色；他用理性思考的深度，引领英语教师专业化探索的高度。

马老师用自己的行动实践着理想的教育，追求成为理想的教师。我们祝贺他荣获“广州市好教师”的称号，并得以出版此书，分享他的成功经验。马老师用自己的行动告诉我们，人可以平凡，但不可以甘于平庸。他坚韧挺拔、奋力搏击的身影铸就了其绚丽丰实的人生。追求成长，止于至善！

王淑杰　广东第二师范学院外语教育研究所所长

2016 年 6 月于广州

目录

MULU

引言

YINYAN

1996年，广东省普及高中教育的东风吹醒了增城这片热土，我随着这股强劲的东风暖流，从甘肃省古浪县第三中学调入新建的广州增城市[①]荔城中学(现广州市增城区荔城中学，以下简称荔城中学)任教。弹指一挥间，我在荔城中学已工作20多个年头。学校已成长为风华正茂的青年，神采飞扬，在广州地区彰显出她那特有的个性特质和教育本色；我也以饱满的工作热情投入其中，不断地挑战自我、充实自我，汲取现代教育教学理论，构建教学理念，承担着教书育人的光荣重任，奋战在教学第一线。

建校以来，学校以“办好人民满意的学校”为价值追求立校，以“爱人·树人·立人”为理念办学，以“以人为本、以爱育爱、以德立人”为思路育人，以“依法治校、以德立校、科学发展”为导向施教促学。20多年来，学校以“低进高出、高进优出”实现了跨越式发展，先后被评为“增城市一级学校”“广州市一级学校”“广东省一级学校”“广东省教学水平评估优秀学校”。随着学校的发展，我也获得了成长，两次被评为“增城市优秀教师”，被评为“国家基础教育实验中心外语教育研究中心2001年度优秀研究员”，被认定为“增城市首批骨干教师”“广州市第二批骨干教师”，荣获“广州市高中英语课程改革工作先进个人”“广州市中

① 2014年2月12日，增城撤市设区，故本书中，在此时间之前称增城市，在此时间之后称增城区。

学英语教研积极分子”等荣誉称号。

自从开展“两展两评课堂模式”教学改革以来，2012 年至 2016 年，我校连续五年荣获“广州市高中毕业班工作一等奖”，尤其是 2013 年和 2014 年，分别荣获“广州市高中毕业班工作一等奖”第六名和第十名。同时，学校的蓬勃发展更为我提供了本书的探究契机，我确立了“促思融会”的英语学科理念，以“独立学习、小组学习、全员学习”的学习范式开展“两展两评课堂模式”，以“创设语境、激发思维、引领拓展”的教学策略指导课堂学习，为发展学生的语言思维品质，培养英语学科的核心素养奠定了一定的理论基础。

曾记得 1996 年 9 月 4 日，刚跨进校园，我好像走进了一个群山环抱的世界。周围的人叽里咕噜地说个不停，好像是说英语，却不是；似乎是说普通话，又听不懂。我忽然意识到，他们是在讲粤语、客家话，还有其他外地方言(如今校内全说普通话)。当时，人们用不同的方言交流，神态是那么的镇定自若，而彼此间又心领神会。这一切对我而言，显得那样的陌生而又神奇。

行走在校园中，我看到教室门口一群群、一伙伙的学生在课间时分休息。他们站立着，嬉戏玩耍。学生们青春年少，充满活力，激情四射。除了他们的喧闹声和嬉笑声外，学校在青山的映衬下显得格外清静，清新的空气送来岭南四季独有的花香和青草味，徐徐浸入心肺，顿时令人心旷神怡、悠然惬意。

操场上小伙子们在打篮球，足球场上运动员们在踢球射门，多数人则聚集在一起等候体育课。这一切仿佛演绎了一茬又一茬，他们永远都是那么年轻，充满活力而朝气蓬勃。年年岁岁花相似，岁岁年年人不同。而我，受到他们的感染，似乎跟他们一样年轻，始终保持着年轻的心态、年轻的情怀，我自己也好像仍然停留在年轻的岁月里，浑然不觉时光已过 20 余载。不！满打满算，我在教育领域里打拼几近 40 年。教师职业的这种特殊性塑造了我，使我有了一颗永远年轻的心。

20 多年来，我企盼着学校知名度提高，吸引中考优秀生来我校就读。然而这些年来，生源并没有发生期望中的质变，当地成绩优秀的学生纷纷涌入广州各地的名校。

然而，生源，是困难，也是机遇。我同英语科组教师一道努力，凭借“有条件上，没有条件创造条件也要上”的革命先驱者缔造新中国时的豪迈气魄，不断地助力学生开启英语学习之门，化解教情和学情之间的矛盾，点燃学生对英语学习的求知欲望，从中挖掘教学资源和学生的学习潜质，引领学生学会学习，激发情趣，竞争向上。在“低进高出”的教育教学过程中，我探索“促思融会”学科理念下的教法和策略，努力让学生得到最优发展，提高学生的语言思维品质。由此，为高校输送了大批优秀学生，他们有的就读大学后顺利通过全国大学英语四、六级考试，成为国外大学的交换生；有的研究生毕业后从事研究工作，从事专职英语翻译工作，从事外事工作，等等。他们见到我就说，这一切都与高中时期的英语学习密不可分，感谢我为他们营造英语学习环境，奠定扎实的英语语言基础。他们的成功坚定了我追求英语教育事业的信念和决心。他们在校时勤学苦练的精神为我研究学法、创新教法提供了鲜活的条件，为我构建“促思融会”的英语学科理念提供了创新发展的机会，也为我研究课题、撰写论文、编著书籍提供了大量的素材。

多年来，基于学生的基础和学习需要，我从学生求学进取的精神和追求出发，寻找他们在语言思维转化上的闪光点和语言潜能中的发展优势，运用“促思融会”的理念促进他们英语语音、词汇、语法及语言技能的发展，记录他们在学习过程中心理语言的质变特点，促进词语的音形义融会、语句结构与功能融会、动词的功能与形变融会等，从而促进学生语言思维的生成与发展，使他们攻克读写与听说上的一道道难关，突破英语学习中的障碍，构建英语语言知识和技能体系，从中培养语言思维品质，发展英语学科的核心素养。

回首往事，我备感欣慰。曾经参加英国泰晤士全英教学技能培训，为我奠定了开展英语口语教学的基础，开辟了增强英语口语表达的途径；参加广东省中学英语学科基础教育新课程骨干教师培训，为我拓展了教育教学空间，使我站了起来，有了高度，看得更远；参加新西兰奥克兰大学英语教学法培训，使我目睹了英语国家的教育教学现状，体验了英语语言的实质和内涵；参加广州市骨干教师培训，其间到深圳中学等全国省级名校调研学习，使我提升了教育教学理念，拓展了教育教学的思维空间；参加广东省中小学心理健康教育 B 级培训，使我在开展中学生心理健康教育工作等方面获得了心理学理论的支持，尤其为我探索语言心理学提供了理论基础。

这些年来，上级部门给予我培训学习的机会，极大地丰富和拓展了我在英语教育专业领域的知识结构，使我提升了教学理论水平，开阔了眼界，拓宽了英语学科视野。诚然，这一切的获得都离不开荔城中学的培养，离不开增城区教育局的支持，更离不开广州市教育局提供的培训机会。这次被遴选为“走进广州好教育”系列丛书的编者，更让我系统地回顾了自己英语学科教学的历程，总结反思自己在教育教学过程中的成效、经验与不足，从而找到探究的方向、前行进取的目标，继续探索英语教学的真谛。

第一章

投石问路

一、教学在生情研判中另辟蹊径

1996年，因工作调动，我来到改革开放的前沿地区广州市，来后不久就感到政府对学校教育的重视。广州市教育局以及下属教育部门对教师的培训和业务能力的培养极为关注。广州市教育局教研室每月按年级、分学科组织一次教研活动，专家学者讲教、讲学、讲创新；优秀教师现场上课，展示授课技艺；教师济济一堂观摩课程，听取专家点评，产生共鸣，进行热烈的提问与讨论，在且听下回分解中期待下一次的交流。我积极参加教研活动，聆听专家学者对新课程理论和理念的阐释，认真观摩同行的授课，汲取教学养分，把教学理念和指导思想融入自己的课堂并进行探究。每次参加教研活动就如走进西天取经的圣地一般，我都取得满卷的经文返回。

(一)对比高低　忐忑不安

面对自己的课堂，我困惑：新理念、好理论难以在我的课堂上派上真正的用场。更令人感慨的是，我的课堂与所观摩的课堂相比，简直是天壤之别；我将专家学者的先进理论用于指导我的课堂，照搬教学模式一段时间后，学生的成绩不升反降，与平行教学班拉开了距离。酸甘苦辛咸五味俱全，一起涌上心头。然而，我并没有就此放弃，而是寻找原因，了解和分析广州地区英语教育现象和教学现状，翻阅报纸杂志，学习和吸收先进的教育教学理念，寻找切实可行的教学策略和方法，指导教学实践。

同时我了解到，广州市内以及郊区的重点中学和示范性高中，学生的英语水平普遍很高，有的学校上早读课时，讲台上放着双卡收录两用机，让学生收听中国国际广播电台的英文节目和英国广播公司(BBC)的英文节目。教师就所听内容用英语提问，学生用英语回答反馈，讨论之热烈，令人羡慕。他们开展的英语教学的确与世界同步、与生活接轨，而对比我校的生情，真是望尘莫及。目睹了这一切，我忧心忡忡：怎样搞教育？怎样搞教学？怎样才能提高授课效率以促进教学质量和学生成绩的提高呢？

后来我了解到，华南师范大学附属中学、广东实验中学、广东广雅中学、执信中学、广州市第二中学等学校的教师教研底蕴深厚，他们发表的论文、获奖的论文以及学生在竞赛中获得的奖项比比皆是。在英文报刊上，我也常常看到这些学校教师撰写的文章，佩服至极，深感他们非同一般。打铁还需自身硬！在改革开放的前沿地区从教，一位教师如果没有坚实的先进教育教学理论作指导，没有扎实的专业知识作支撑，没有过硬的教学能力作基础，就难以立足于教育之林，或迟或早会被淘汰。

在调研和查阅资料时我也发现，我所在学校的英语教学状况与全国不少学校的英语教学状况大致相当。因英语师资的严重缺乏和没有统一的一条龙英语教材等原因，英语教学状况与国家教育、科技、经济等方面的发展速度极不协调，不能同步，甚至滞后。面对这种现状，我没有停步，没有退缩，而是努力挖掘教育教学中的积极因素，寻找学生身上的闪光点，挖掘他们语言学习的潜能。

我们常说，需要乃发明之母。一个人取得的成绩往往并非是他天赋的反映。许多人都很有天赋，但愿意接受艰巨挑战的人实际上少之又少。大部分人都不会将自己置于严苛的环境下，即让自己心生恐惧与卑微的残酷环境。事实上，将自己置于有巨大压力的位置上，这种压力要么成就自己，要么摧毁自己。这是一种能够让身临其境者清楚地知道自身的弱点，开阔眼界的好方法。这一过程当然并不美好，但它却能改变自己，最终使自己崛起，成为一个全新的、更加美好的自己。要接受一些超越自己当下能力的艰巨挑战，就要背水一战，堵死退路，勇往直前。

随着中考自主择校政策的实施，优秀学生纷纷涌入广州各地的名校，而我校迎来的成绩优异者却是凤毛麟角，尤其是英语学科低分者居多。他们不是英语启蒙时语音不过关，难以坚持学习；就是学习过程中受刺激，毅力不坚而放弃，得过且过混日子；还有的是受到成绩下降的打击就此一蹶不振；更多的是没有养成良好的读书习惯。种种因素阻碍了高中英语教学的开展，造成众多学生在高中英语学习中处于进退维谷的窘境。如果教学上没有切实有效的措施，学生就会应付英语学习，最终放弃英语学习。

1. 专家的调查分析

人民教育出版社课程教材研究所高中培训专家周文筑老师，多年来一直从事高中英语课程的研究。他就高考模拟考试所涉及的考纲词汇对广州和深圳两市重点中学和普通中学学生进行了多项问卷调查。

2014 年 3 月和 4 月，对广州、深圳 6 所高中共计 1697 名学生所做的问卷调查表明，其中 1171 人认为考试成绩不理想归因于词汇不过关。其中一名学生在反思中写道："这次模拟考试失利的主要原因是词汇量不足，完形填空、阅读理解中许多单词我不认识，写作时我不会写单词。"

2015 年 4 月，对广州几所中学 1516 名学生所做的问卷调查表明，约 68%的学生认为，英语模拟考试成绩不理想，主因是词汇不过关。

2016 年 3 月，对广东省云浮市某中学学生在广东省适应性考试中英语失分情况所做的问卷调查表明，全校 697 名学生，因词汇原因失分的 411 人，因语法失分的 182 人，因其他原因失分的 104 人，考试成绩不理想者，仍归咎于词汇。

2016 年，就"你是否能根据读音规则记单词?"对广州、深圳几所高中学生所做的问卷调查表明，在高一和高二年级 4105 名学生中，有 2786 人(约 68%)说"不能"；在省属示范性中学高三年级 1017 名学生中，有 36 人(约 3.5%)说"不能"；在其他中学高三年级 1493 名学生中，有 953 人(约 64%)说"不能"。

另外，对甘肃省武威市某省属示范性高中所做的问卷调查表明，高一年级 50%多的学生不会拼读单词，只是靠死记硬背、听录音或带读的方式记忆单词。

调查结果发人深思。高中学生不能按英语拼读规则科学地记忆单词，其主因是在小学、初中阶段，英语教学未能解决单词读音及其拼读问题，使得这一问题延伸至高中，甚至大学阶段。

2. 生情分析

我通过调研发现，很多学生带着初学英语时所形成的模糊的拼读意识认读单词。初中时，课本词汇激增，学生应接不暇，既不能独立拼读，又缺少构词法知识助解。他们用英语进行表达时，单词中的字母不是丢三落四，就是颠三倒四。到了高中，初学教材每单元就有五六十个生词，文本满眼尽是生词，词句难以整合，阅读受阻，词汇成为学习的障碍。常见的学生类型有以下三种。

第一种类型：想学习但基础薄弱型。

学生 1：小霞同学在英语读音上有很多问题，一开口读英语就读不准单词，读语句没有重音，我刚纠完错，她重新读还是读错，习惯难改。例如，我针对 out 纠错正音，说明道理，她明白错因，但遇到含有 out 的单词她仍旧读错；再纠正练习，误读仍难以改正。

学生 2：小恩同学不能正确读出/au/ /ei/ /e/ /æ/等元音。朗读单词时，他发音模糊，并在单词旁用汉字标注谐音字。例如，在 outdoor、gratefully、elevator、transport 等包含这些元音的单词旁写着密密麻麻的谐音汉字，我让他拼读这些单词时，他混淆了字母在相应单词中的读音。

学生 3："老师，我要像读汉语一样读英语，可是我怎么朗读都做不到，我读出的英语跟录音相比差别很大。老师，我究竟该怎样学才能学好英语?"小赖这样对我说。

听到小赖说出学习英语的这些苦恼，我倒高兴起来。因为通过一段时间的学习，她对英语学习的态度转变很快，有了思考，有了想学好这门语言的信念。尤其是她认识到了学习英语跟学习汉语一样，要张开口、发出声才行。但是，我没有直接回答她的问题，而是让她翻开单元中的文本进行朗读。她读得很吃力，每个单词都有发音，但发音不全。接着我让她听文本的音频，指导她跟读，但音频的语速快，很多单词她只能跟读一半的音，并且发音模糊。

其实，学生在读英语时会遇到较多的读音问题，一是拼读技能障碍，二是方言因素。例如，粤语方言区的学生在读包含/n/和/l/的单词时，容易把二者的发音混淆，将/n/误读成/l/，如将单词 kindness /ˈkaindnəs/读成/ˈkaindləs/；英语中的/n/和/ŋ/类似于普通话中的前鼻音和后鼻音，而粤语方言中没有这一区分，这就导致学生经常分不清/n/和/ŋ/；粤语方言中没有/r/音，很多学生尤其是初学者，就用类似的音代替，如在读“rose”“sorry”等诸多单词时，他们会把/r/误读成/l/。可见，学生最初的语音模仿不过关，拼读思维不同步，就会导致误读音迁移，误读音和方言阻碍着学生的正确拼读与发音。

上述案例的共同特点体现在，学生拼读失误，导致英语学习中困难重重，对遇到的困难颇为发愁。焦虑、怅惘中令人欣喜的是，他们渴望学好英语的劲头很足，如果引导得当，再加上其自身的努力，他们日后大都能成为英语学习中的中坚力量。

第二种类型：缺乏进取心、得过且过型。

一些学生经过小学、初中阶段的英语学习，仍不会拼读单词，张不开口，发不准音，读不出声，词汇量小，句法知识欠缺，因而读不懂语句；普遍一接触英语就产生畏难情绪，学习动力渐失，得过且过。如果学习上不做根本性的努力，教法不得当，他们就容易成为学习中的落伍者。

第三种类型：自暴自弃、被动型。

这类学生被迫读高中，对任何课程的学习都不感兴趣，主观上不努力，上课睡觉，下课活跃。上课时，他们找不到课本和学习资料，即使书本在眼前也懒得翻阅，即使翻开书本也找不到全班同学朗读文本的出处。记得 2012 年，我们首次为学校赢得了“广州市高中毕业班工作一等奖”。此后，我本该轮回高一教学，但周丽红校长把我安排到高二把关。

起初，一贯一上课就趴课桌的小富同学，在我上课时直起了腰，抬起了头。轮到他读英语时，他读得很吃力，跟读时我发现他音质好，就称赞他有学好英语的潜质。可几天后，轮到他展示学习内容时他却发起了脾气，说我跟他过不去，故意刁难他。从此，他一上课就又像以前一样趴课桌了。经过调查我发现，他从小受溺爱娇惯，不努力学习，自信心受挫，而自尊心很强，不服约束和管教。经过我耐心引导，他终于拿起了课本，高考英语成绩有很大进步。毕业后他参军入伍，服役后受母校邀请当起了高一新生的军训教官。校园中我们相遇，他侃侃而谈，谈起往事，十分悔恨以前在校时的表现，他说要弥补丢失的一切。

3. 学生是“教学资源”

面对这样的生情，20 多年间，我不断探索适合校情和生情的英语学习途径和教学方法。无论学生属于哪一类型，他们能来校就读，就是我们的“教学资源”，因为学生的问题“是一种来源于学习活动本身，直接反映学生状况的生成性教学资源。如果从有效教学生成性资源的视角来看教学过程，那么学生的所有问题与困惑、情感与体验等都是课程资源”①。教师如果能凭借智慧开发和利用好这一生成性教学资源，挖掘问题中潜在的教育因素，努力创造条件，就能让学生在与问题的对话中感悟道理，领悟方法，增长才干和智慧。

充分利用这些资源就必须先从语言学习的源头找“兴趣”。我帮助学生挖掘自身的语言潜能，从思想认识上加以引导，并从思维训练方式上加以跟进。此外，开导和说服学生常常是比较好的办法，这能让他们懂得：我们为什么学英语，学英语究竟学什么，学英语会带给我们什么好处，如果不学英语将会给自己带来什么样的后果。同时，我鼓励学生之间、师生之间进行讨论，使学生清除思想上的顾虑和障碍，厘清学习思路，放下思想包袱，轻装上阵，投入学习。

---

① 龚雄飞：《高中新课程教学改革问题与对策》，呼和浩特，内蒙古人民出版社，2007。

在教学中，我运用“促思融会”的教学理念指导教学，不断改进教学策略，让学生认识到英语学习就是促进自己思维发展的过程，从而促使自己多维思考，迫使自己通过学习多掌握一种思考方式；并且强调英语学习中必须运用所学知识融会听、说、读、写、译的语言技能，这样才能促进思维能力的进一步发展，取得好的成绩。

(二)另辟蹊径　从“零”抓起

世间一切事业，一般都以零为起点。一个人，学业成就同他的学识基础始终是成正比的。没有坚实的基础，就不可能取得成功。在高一年级的英语教学中，因生情所限，开展正常教学活动的阻力大、难度高。我带领学生从“零”起步，从构成单词的基础知识入手，使其通过读准音标、熟练拼读来掌握拼读规律，促进单词的“形音”融会；然后再引领学生从词汇识记走向阅读和听说。这样，英语学习之门自然会向学生敞开。

1. 营造氛围　认识构词部件

英语 26 个字母，人人都会，但玩转字母在单词中的读音，形成拼读思维链，用以拼读单词、认读词义却是另一回事。

课堂上，一提起熟诵 26 个字母，学生异口同声说是“小菜一碟”，还埋怨我把他们当成了小学生。人大概都是如此！让他做简单容易的事，他会觉得是在低估其能力，在面对现实要求时他会不甘示弱，勇于表现，发起挑战。教学中，我常常因势利导，抓住学生的这种心理特征，故意挑逗，激发学生的学习情趣和进取心，围绕所设定的学习目标不断地“煽风点火”，烈火被点燃，学生的学习热情也随之高涨。学生会特意展示其学识与本领，想消除我对他们的偏见。而我趁机欲擒故纵，出乎预料的课堂效果就产生了。

快背诵完 26 个字母的时候，忽然有一名男生哼起了《字母歌》。此刻正是激发学习情趣的好时机。当然，学生或许是在挑逗老师，或许是学习情趣的自然流露。无论如何，我不失时机地以掌声激励，用手势指挥全班一起跟唱，顿时歌声震天，飘出窗外，传遍校园。唱完《字母歌》，学生的学习热情被点燃，课堂迎来所需要的那种氛围。

字母背得滚瓜烂熟，歌曲唱得好听动人。接着我要求学生在黑板上、在笔记本上按字母表的顺序标注字母的音标，他们边写边又说是“小菜一碟”。最终，全班竟然没有学生能准确无误地标注字母的音标，不是丢三落四，就是分不清字母与音标。初学英语，给字母标注音标这一环节往往被忽视，学生的字母“形音”转化思维得不到足够的融会。学生如果能及时有效地认读和分辨，就能避免日后单词拼读中的“形音”混淆问题。因此，我想方设法让学生分清字母和音标，明白字母是单词书写或印刷的符号，并不能直接用于拼读单词。掌握拼音文字的关键环节在于活用单词“形音”的变化规则，唤醒拼读单词的意识要从拼读知识融会中开始。

2. 任务引领　分辨词的特征

在分辨元音、半元音字母以及辅音字母时，很多学生竟然也做不到。我要求他们写出字母在单词中的读音，学生一头雾水！

任务1：以字母a的音标/eɪ/为例，请写出字母a在单词拼读时的不同发音。

面对任务，学生感到有困难，不能顺利写出。

任务2：请拼读下列单词name、class、map、watch、village、cinema，并标注单词中字母a的读音。

在标注/eɪ/ /ɑː/ /æ/ /ɒ/ /ɪ/ /ə/这些音标时，学生似乎概念模糊；我让他们将单词的“形音”对照时，他们才若有所悟。

任务3：根据字母c的音标/siː/，写出其在单词中的拼读音标。

当然，有的学生仍旧茫然。针对come、cinema、musician这些单词，当我引领学生对照读音/kʌm/ /ˈsɪnəmə/ /mjuːˈzɪʃn/，分辨辅音字母c在这些单词中所对应的拼读音素/k/ /s/ /ʃ/时，他们说：“英语单词的读音奥秘太多了。”

在从标注字母的音标到写出字母在单词中的拼读音，再到学习48个音标，修复单词的“形音”变化规则的过程中，小琳同学说：“英语单词有这么多学问。以前听录音，学生词，我只是按照要求一个劲儿地读啊，背啊，写啊！小学时，生词少，单词旁边有插图，句子简单，一学就会，每次考试我都得满分。初中时，课文中的生词增多了，遇到生词我不会拼读，久而久之，就跟不上上课的节奏了，渐渐失去了学习兴趣。”

3.“形音”融会　经活脉通

从诵读字母到写出音标，再到标注字母在单词中的拼读音，这一系列的语音修复教学，目的在于让学生认识和分清字母、音标以及音标构成单词时的各种概念和转化关系，消除单词记忆所造成的恐惧心理，得心应手地拼读单词。

修复拼读技能，似乎把简单的事情复杂化了，其实不然。看似复杂化的认知教学本该在初学英语时完成，当单词积累到一定程度时，学生在潜移默化中突破拼读难关进而达到熟练的程度，通过强化训练达到生成的目的，但学生往往错失良机。在初中需要完善拼读技能时，学生接受的拼读技能的强化力度不够，导致拼读滞后；而靠录音听读或带读学单词，学生不能建立充分的拼读思维意识；如果没有单词的音频辅助，认读单词时拼读转化思维就不能同步，学生难以认读单词，记忆中的单词错误迭出。

然而，无论学生的语言天赋如何，一旦打通语音拼读的“经络”，就能经活脉通，一通百通。因为语言学习不需要靠很高的天赋，学生只要学习得法，练习得当，勤于动脑，就可以获得语言技能，实现语言的学习价值；进而再深入学习，修身养性，实现语言的育人价值。这样，学生越学，语言能力就越强，兴趣就越广，思维就越敏捷。

二、读音在知识锤炼中夯筑

(一)母语造就　听说领先

婴儿降生，来到世间，亲人那高兴劲儿，就甭提了！盼望着孩子快快长大，喊爸叫妈。听到孩子口中发出咿咿呀呀的声音，父母兴奋不已，抢着教孩子“爸爸”“妈妈”。父母教孩子“爸爸”“妈妈”，不知教了多少次，终于有一天，孩子因受强烈的语音意识的驱动，从小嘴中突然挤出了“爸……爸”，喊响了“妈……妈”。此后，孩子一看到教自己“爸爸”“妈妈”的人近在眼前，就随口叫起“爸爸”，喊出“妈妈”。其实孩子这时还处于一种朦胧的思维状态中，不太清楚“爸爸”这一概念，一见到类似“爸爸”模样的男人近在眼前就喊“爸爸”。

语言学研究表明，语言是从听音开始的。一个婴儿出生后，在漫长的学习说话的过程中，全靠听来模仿父母的声音；看见妈妈，随口挤出“妈……妈”的声音；东瞅瞅、西望望，叫起“妈妈”，喊起“爸爸”。他们耳濡目染，形成了概念，分清了妈妈和爸爸，音形不离。他们见物识物，见形发声，闻声说形，音形融合，声形并茂，这就完全激活了大脑中的语言生理机制，催化了认知能力。孩子学说话时从单音字向双音词、多音词发展，从单音字发展到多音词后就会几何式地说词用句，表达思想感情。

语言学研究还表明，从婴儿时起，如果没有类似家庭的语言习得环境，孩子是不会自然说话的。孩子出生后一般在 6～12 个月形成母语，其间如果没有听到过母语的读音和音符，再学习母语就需要付出努力。10 岁以内的孩子，如果一直生活在第一语言环境中，就能说一口漂亮流利的母语，过了这个年龄，模仿能力会逐渐下降；超过 13 岁这一语言学习的最佳期，孩子学习语言就需要付出更大的努力；到了成年期，学习语言的困难又会加大，非下功夫模仿不可。

同样，学习外语也可效仿婴幼儿习得母语的规律。学生要先反复听，再模仿说，刺激听觉器官，增强对语言的敏感度，遵循人类习得语言的基本规律，让“听”激活大脑中的语言思维机制，使语言被内化而生成。母语是孩子在成长环境中自然习得而成的，外语一般是在教学及其语境中学得而成的。外语学习初期，经过听外语、练口型、模仿说、模仿读等一系列的语言体验和实践活动，学生就能掌握语言的内在规律，形成外语思维。

因此，语言是教、练、学、习而生成的，通过模仿、熟练、学用而升华。这就如同婴儿被教“爸爸”“妈妈”千百次才会真正叫爸喊妈一样。孩子一旦进入语言学习的最佳期，就会更加积极主动地学习语言，因对声音、图片、图像，甚至对语言文字的好奇而着迷，这时只要引导得法，满足孩子学习语言的条件，其语言学习效率和技能就会大大提升。同样，学习外语时，学生通过听说、领悟、意会形成语音意识，迅速掌握外语，就会成为可能和必然。

照此推理，学生认为教科书上的语言文字艰涩难懂、不能理解时，教师可以示范引领，适时而教。学生经过静听、模仿、感悟、内化，充分体验和实践语言，在浸泡中吸收，从听音中发声地说，从发音中出声地读，逐渐获得语言技能；一旦养成习惯，反复习得，语言表达能力就会成型，语言知识和技能定会从量变发展到质变，甚至达到质的飞跃。

(二)磨耳练口　锤炼拼读

我一贯主张让学生听读文本，唤醒其拼读意识。语言教学是听、说、读、写的综合体。听是说的基础，读是写的基础，听说是读写的基础。听说过的内容要用读写加以巩固，听读过的内容要用说加以表达，这样，听觉、视觉和动觉协调运作，感觉与思维协同运行，各器官的功能尽用其中，效率才能倍增。

教学改革以来，在修复学生语音拼读方面，我改变了以往的教学惯例，根据学生进入高中后的好奇心理，直接把学生融入模块文本中，融入听、说、读、写的教学活动中，深化其语音学习。我引导学生在文本音频营造的语境中听音，模仿朗读，练习词句，在感知读音的过程中融入语言知识并操练技能，唤醒学生的语音意识，培养学生的自学能力和学习习惯。

(三)音频磨耳　操练读音

1. 听音练读

学生不翻看课本，只听文本的音频，这样就迫使学生在听文本的过程中模仿词句的读音。接着，学生跟随我读难读的单词，逐句跟读难读的句子，边听、边模仿、边跟读。然后，学生翻开课本，边看、边听、边读词句，让文本中的词句在大脑中转化为“形音”的思维链。这样，学生听文本音频，感知词句的读音。听读，模仿词句的读音，体验文本的语流、语调和节奏等；默读，体会词句的意义；领读，修正词句的读音，优化朗读文本的学习效果。

2. 朗读强化

全班学生模仿音频读音，看课本听读。接着，学生独立朗读，小组朗读，全员赛读。然后，经过默读感悟、听读正音、领读巩固、朗读体会等多种方式逐级操练，认读词形词音，在形音转化中形成语音思维链，开启英语学习之门。在朗读中，学生充分体会语言的魅力，在检验中提升学习的效果。

3. 录音对照

我让学生用手机记录朗读文本的音频，要求学生每句话都录音，然后与原文音频做比照，把不一样的地方找出来。先对比单音，尽可能让听读音做到一致；然后对比节奏和语调，尽可能重现与音频一样的原声。学生们很感兴趣，录音朗读操练后，我筛选模仿朗读好的录音，在课堂上让全体学生欣赏和点评。很多学生都坚持了下来，在读音方面有了很大的改进。

(四)反馈补救　课标领航

学习初期，我采用听读、领读等练习方式训练学生的读音。在文本朗读中，相当多的学生声音低沉且读音模糊，读词句时断时续，有的只是嘴唇颤动，而无读音发出。针对这一情况，我让学生反复听录音，先整篇听，然后逐句、逐段地模仿听读。接着，按照意群，我逐句、逐段地领读，让学生出声地跟读，努力提升他们的朗读兴趣以及对英语语音的敏感度。

学生在朗读时遇到困难，主要有两个原因。

一是拼读方法单一。操练后，在检验学生的朗读效果时，还有不少学生读得不是多音就是少音，多音节单词发音模糊，常见单词也难以准确拼读。例如，在对人教版英语必修一“Unit 1 Anne's Best Friend”的文本进行模仿朗读时，学生单独读 awake，先按字母拼读/eɪ//ˈdʌbljuː//eɪ//keɪ//iː/，然后慢慢吞吞地读出［əˈweɪk］模糊的读音。这主要是由于学习字母时的拼读方法迁移到了单词学习中，并成为唯一的方法延续至今。

二是字母与音标相混淆。在给段落“I wonder if it's because I haven't been able to be outdoors for so long that I've grown so crazy about everything to do with nature.”标注音标时，不少学生把字母与音标相混淆，不能使单词的形音契合；在对照语段读音/aɪ ˈwʌndə ɪf ɪts bɪˈkɒz aɪ hævənt biːn ˈeɪbl tə bi aʊtˈdɔːz fɔː səʊ lɔŋ ðæt aɪˈv grəʊn səu kreɪzi əˈbaʊt ˈevriθɪŋ tə duː wɪð ˈneɪtʃə./，进行词形词音对照整合，形音关联时，学生才若有所悟。

看词读音，会拼就会读，会读就会写，这是英语作为拼音文字独有的属性，但却隐藏在词内，需要挖掘而形成语音拼读体系。学生只要掌握了这种技能并熟练运用，就能融会贯通。

从前，为了夯实学生的语言基础，从而为阅读铺路，教师从高一开始就进行语音、词汇、语法等基础知识的单纯训练。的确，这样解决了学习中的很多问题，但却降低了学生进入高中后的英语学习热情，让学生觉得学英语就是学习单调的语言知识，导致学生兴趣锐减。加之，语音、词汇和语法系统复习的衔接教学会占用大量课时，主题模块教学就只能争时间、赶进度，这就延长了学科教学时间，侵占了学生的休息时间。而且一旦学生统考成绩不佳，整个英语教学就陷入低迷状态。

这种语言教学采用的是线性思维，这是一种直线的、单向的、单维度的、缺乏思维变化的思维方式，是沿着一定的线型或类线型轨迹探究问题和寻求解决方法的思维方式。但是，由于这种思维在解决某些问题上奏效，就使学生形成了一种思维定式，这极大地影响着英语教学和学生语言思维能力的培养。

由于客观条件的差异、学生现有水平的差异以及教学实际情况的差异，单一的教学方法不能够满足实际教学的需要。在这种情况下，教师要适当调整教学方法。因此，自课程改革以来，我针对校情，根据生情，挖掘教学资源，努力把课堂还给学生，在让学生成为学习的主人的教学理念的指导下，探索教法和教学策略。

从高一开始，我就把课本中的文本作为学生语音学习的材料，开启语音衔接教学，促使学生出声地读英语，在读的过程中整合单词，关联形音，形音契合，融会语意，努力唤醒学生的语音意识，培养其拼读技能，为阅读构建语言基础。

三、拼读在形音关联中融会

（一）在拼读中唤醒语音意识

自然拼读法是根据字母本身代表的发音以及字母组合的发音规律拼读、拼写单词，把拼读规律内化成知识结构，看词就能产生直觉反应，进而读出读音。

在英语学习中，词形与词音完美融合，看词读音，读音拼词，听音写词，这样会使英语拼音文字的功能发挥至极，植根于学生的大脑，生根、开花、结果。

我善于创设语境，引领学生领悟“形音”。比如，高一学生因母语潜意识的驱使，经常把英语与母语关联。我审时度势，把汉语和英语进行类比，使汉语与英语自然对接，让学生在我设置的语境中认识英汉构词造字的特点，理顺思路，“形音”关联，拼读单词。

教学实例

我板书汉字“教师”“学生”，让学生说出相应的英语单词。通过比较英汉构词的不同和重识英语单词的“形音”，让学生在熟识单词的“形音”转化中，唤醒拼读意识，关注拼读规则。

T：Now，class，please tell me what an English word consists of according to the words “teacher” and “student”?

Ss：英语单词是由字母构成的。

T：Well done! What kind of letters makes up an English word? What about a Chinese word?

Ss：英语单词由元音字母和辅音字母构成。从小学起我们就学会了30多种汉字楷书的基本笔画和造字部件，如“点、提、横、竖、撇、钩”等，这些笔画构成具有“形体结构”的汉字。老师，你说对吗?

（在我的启发下，学生说出这么多汉字成字的奥秘。）

T：Excellent! Thanks a lot. I know a lot from you. Today we'd like to know something about 26 English letters and their sounds，especially each sound of letters constituting English words. Can you follow me?

Ss：Yes，it's funny and simple!

【练习】请朗读下面短文，给单词标注音标，体会字母转换成音标的拼读规则。

Yesterday is a memory. Tomorrow is a dream. So live for today，just do it right now. I believe if you can dream it you can make it. If you do，you will win. But if you don't，you won't. Believe in yourself，trust yourself and try your best. Don't give up, never give in, never lose hope, and never say "impossible".

【分析】通过拼读文本，学生体会字母与读音之间的转换方式和读音特点。其结果是，学生在读 memory、live、impossible 等单词时，读音模糊；如果不计标记重音的错误，全班只有两名学生完全正确，其中不少学生把字母与音标混淆，不能一字不落地标注音标。但他们已经认识到了单词词形和词音之间的转化特点与来龙去脉。

朗读后，我引领学生总结、纠正短文的读音，使字母与音标相融合。

【点评】教师通过板书汉语词汇“教师”“学生”导入，在拼写/ˈtiːtʃə/和/ˈstjuːd(ə)nt/所对应单词的基础上，加以点评，引领学生分析英语单词与汉字的构词造字特点。从学生最熟悉的单词入手，促使其思考单词的形音变化和成词特征，将汉语的成字特点与英语的构词及读音规则进行类比，为学生营造想象的空间，使其从中整合词形，关联读音，为字母变“音标”作铺垫，增强拼读意识。

在词形、词音的关联中，学生运用已知思考未知，从英汉构词造字的角度，唤醒自身的拼读意识。

(二)在字母中融会“形变”

1. 分辨“形音”，字母变“音标”

在分辨单词“形音”的活动中，我引导学生识别字母在单词中的拼读音。在独立学习中，学生默读字母，标注音标；在小组学习中，学生对照字母及音标，讨论字母在单词中的拼读音，确认字母、音标及拼读音的对应关系；在全员学习中，我给予点评，以“拼读音”展示的数量和准确度作为评价标准，评选出优胜小组。我引领学生分辨元音和辅音字母，对比拼读音，归纳字母在单词中的拼读音(见表 1-1)。

表 1-1 “字母—音标—拼读音”在单词中的“形音”转化对照表

字母	音标	拼读音	字母	音标	拼读音	字母	音标	拼读音
Aa	/eɪ/	/eɪ，ɑː，æ，ɔ，ɪ，ə/	Jj	/dʒeɪ/	/dʒ/	Ss	/es/	/s，z，ʃ，ʒ/
Bb	/biː/	/b/	Kk	/keɪ/	/k/	Tt	/tiː/	/t/
Cc	/siː/	/s，k，ʃ/	Ll	/el/	/l/	Uu	/juː/	/juː，ʌ，u，ɪ，ə/
Dd	/diː/	/d/	Mm	/em/	/m/	Vv	/viː/	/v/
Ee	/iː/	/iː，e，ɪ，ə/	Nn	/en/	/n，ŋ/	Ww	/ˈdʌbljuː/	/w/
Ff	/ef/	/f，v/	Oo	/əʊ/	/əʊ，ʌ，ɔ，i，ə/	Xx	/eks/	/ks，gz/
Gg	/dʒiː/	/dʒ，g/	Pp	/piː/	/p/	Yy	/waɪ/	/aɪ，j/
Hh	/eɪtʃ/	/h/	Qq	/kjuː/	/k，kw/	Zz	/ziː//zed/	/z/
Ii	/aɪ/	/aɪ，iː，ɪ，ə/	Rr	/ɑː/	/r/			

在总结归纳中，学生独立地理顺字母、音标和拼读音的对应关系；在小组学习中，学生优势互补，确认学习任务；在全员学习中，小组展示字母的音标与拼读音。我引领学生总结字母在单词中的拼读音，并以单词为例，使学生加深对字母和音标之间对应关系的理解，强化“字母—音标—拼读音”之间的纽带关系，关联字母和音标，融会“形音”，凸显变化，内化规则。

单词拼读衔接教学，对于其他学校的学生而言，可能多此一举，并不必要，但对于我校每届新生而言，这一过程不可或缺。它对于学生通识语音、为阅读奠定词汇基础起着至关重要的作用。由于师资、教材、学生等方面的因素，在拼读技能形成的黄金时期，学生错失良机，拼读识词的“频道”始终没有被打开。

外语教育专家王才仁认为，学习语音的主要手段是模仿。这种模仿从听觉定向活动开始，经过大脑分析器的作用，然后由心理运动器官的操练而完成。心理语言学家也认为，语言是从听音开始的。婴儿生下来学说话，完全靠听，模仿父母的声音。在如今的外语学习中，学生有着得天独厚的可供模仿的学语音的条件。在文本学习中，学生通过听读和朗读固化语音技能，体验有声语言，整合语音知识，体会单词中"字母—音标"的"形音"拼读变化，在模仿、听读、朗读活动中提升分辨语音的能力，从而掌握英语单词、句子的读音规律，构建语音体系，增强语感。同时，通过拼读、模仿、听读、朗读，学生能够对比并了解自己英语发音中存在的问题，进行有针对性的练习，促使发音更加准确。

2. 抓大放小，拼读文本

语音教学是语言教学中的一项重要内容。语音教学应注重语义与语境、语调与语流相结合，要强调语音、语调在实际口语交际中的运用。教材文本配有音频，就此我采取"抓大放小"的策略，引领学生直接进入文本，体验单词的形音变化，学以致用，"形音"融会，生成技能。

为了使单词的"形音"在语境中契合，我引领学生在文本的上下文语境中感悟读音特点和拼读规则。例如，在朗读"Anne's Best Friend"中的安妮日记时，学生体会到了她那优美的语言所透视出的对大自然的向往、对和平的渴望。朗读中，学生遇到的障碍较多，只能拼读出由 26 个字母转换而成的拼读音，而遇到没有与字母对应的元音和辅音时口齿就不伶俐了，声音模糊，甚至不会拼读 wonder、upstairs、dusty、entirely、outdoors、nature、pleasure、purpose、curtain 等单词。这是因为这些单词涉及单音、双音、三音的元音以及辅音，它们在字母表中没有对应的音素。事实上，拼读这些音标本该是学生早就具备的知识与技能。

通过对文本的拼读和朗读，学生给字母赋予了生命，让单词产生了动感，使文章成了动听的乐章。学生先听后读、模仿朗读，利用"字母—音标—拼读音"对照表，活化拼读规则。拼读规则在文章语境中被知识化、概念化，内化成为拼读技能，形成语音、语调和节奏；同时单词的概念和语法结构在朗读中也得到解构，学生开始关注单词在语境中的读音，领悟词意、句意和段意等，进而理解所读内容。学生还能够有意识地对照自己发音中存在的问题，修复语音，提升发音质量。

（三）在音标中熟识“音变”

众所周知，杂乱无章的电脑桌面，往往会使电脑系统运行缓慢，遇上网络病毒侵入，电脑反复重启、死机，系统几近崩溃。如果从C盘中移走有价值的资料，修复或重装电脑系统，电脑就会正常运行。据此，我为学生修复或重装“语音系统”，帮助他们构建语音体系，激活他们的语音敏感度，提高他们对语言的接受力。

兴趣就像一个人的引擎，学生学习的积极性和动力，都与兴趣有着密切的关系。学生对事物感兴趣，学得就快，效率就高，因为“兴趣是最好的老师”。如果学生学习效率低，成绩不好，那么就要培养其学习兴趣。学习又是一个主动获取知识的过程。如果学生对学习没有兴趣，就容易变得被动，渐渐就会出现逼学的情况，导致学生厌学心理的产生。

提高学生对英语语音的认识和重视程度，是激发英语学习兴趣的关键所在。学生张开嘴巴学单词，鼓足勇气说英语，自然会产生学习热情，积极投入，在学习中找回信心；也会了解自身存在的问题，突破语音障碍，认真听说英语，促进语言能力和学习效率的提高。

1. 音标转换成字母及组合，认识单词的部件

在“音标”变“字母”的基础上，我引领学生读准48个音标，以单词读音为基础，建立“音标—字母”在单词中的拼读转化规则，让孤零零的拼读音标与字母融入句子、段落和语篇中，在关联中拼读词音，促进学生熟练地融会音形，培养其认读和拼读单词的能力。

学生准确认读国际音标，由此展开“音标”变“字母”所对应的拼读修复活动。学生在熟读48个音标的基础上静默内化音标，针对每个音标，尽可能地从记忆中检索出对应单词中的字母及字母组合，使“音形”关联。在小组学习中，学生确认单词“音形”变化的各种类型，组内操练。在全员学习中，我根据小组的展示，点评、提问和答疑，归纳“音标”变

“字母”在单词中的“音形”转化对照表(见表 1-2、表 1-3)。

表 1-2　元音(20 个)变“字母”在单词中的“音形”转化对照表

长元音	/ɑː/	/ɔː/	/ɜː/	/iː/	/uː/			
字母及字母组合	a, ar, al, au, ear	ar, al, or, au, aw, our, oor, ough	er, ir, or, ur, ear	e, i, ee, ie, ei, ey	o, u, oo, oe, ue			
例词	class, car, calm, aunt, heart	warm, tall, ordinary, authority, draw, course, door, ought	herd, skirt, work, nurse, earth	eve, visa, tree, siege, receive, key	do, truth, food, shoe, true			
短元音	/ʌ/	/ɒ/	/ə/	/ɪ/	/ʊ/	/e/	/æ/	
字母及字母组合	u, o, ou, oo	a, o	a, e, o, u, ar, er, or, ur, our	i, y, e, u, a, ui, ay, ai, ey	o, u, oo, ou	e, a, ea, u, ie, ai, ei, ay	a	
例词	fun, come, trouble, blood	want, hot	botany, level, monolingual, submit, dollar, player, doctor, surprise, colourful	sit, myth, exam, minute, village, build, Sunday, mountain, money	wolf, put, book, should	sell, any, head, bury, friend, nail, heifer, says	happy	
双元音	/eɪ/	/əʊ/	/aɪ/	/aʊ/	/ɒɪ/	/ɪə/	/eə/	/ʊə/
字母及字母组合	a, ea, ai, ay, ey, eigh	o, oa, ow	i, y, ei, igh, eigh	ou, ow	oi, oy	ea, ier, ear, eer, ere	ear, air, ere, are	our
例词	name, steak, hail, play, they, eighth	home, boat, know	nice, my, neither, light, height	output, cow	oil, boy	idea, fierce, hear, beer, here	pear, chair, where, care	tourist

表 1-3　辅音(28 个)变"字母"在单词中的"音形"转化对照表

清辅音	/p/	/t/	/k/	/f/	/θ/	/s/	/ʃ/	/ts/	/tʃ/	/tr/	/ h/
字母及字母组合	p	t，tt	k，c，ch，qu(e)	f，ph，gh	th	s，c	sh，s，c，t	ts	th，tch	tr	h，wh
例词	paper	time，bottle	king，cars，chool，quite，barque	fog，phone，enough	thin	sing city	ship，mission，social，mention	streets	teach，kitchen	try	hello，whole
浊辅音	/b/	/d/	/g/	/v/	/ð/	/z/	/ʒ/	/dz/	/dʒ/	/dr/	/r/
字母及字母组合	b	d	g，gue	v，f	th	z，s	sure，sion	dz	g，j，dge	dr	r，wr
例词	boy	dog	girl，league	vest，of	these	zone，music	measure，decision	hands	gesture，jeep，bridge	dress	rest，wrest
鼻音	/m/	/n/	/ŋ/								
字母及字母组合	m，mb，mn	n	n，ng								
例词	map，climb，contemn	name	tank，sing								
半元音	/j/	/w/									
字母及字母组合	y	w，wh									
例词	yesterday	wealth，whether									
边音	/l/										
字母及字母组合	l										

续表

例词	lecture，table											
其他	/tw/	/kw/										
字母及字母组合	tw	qu										
例词	two	require										

针对音标与字母及字母组合的“音形”转化规则，我问学生是否能记住这些规则，他们摇头。我故意追问：“英语好学吗?”他们仍然摇头否认。

从表面上看，英语是一种非常简单的语言，只有 26 个字母，对应的发音只有 48 个音标，其中 28 个辅音，20 个元音。而单按照“1 个辅音＋1 个元音＋1 个辅音”的组合推算，就可以得到 15680(28×20×28)种“理论读音”组合，并且大多数单词都以辅音结尾。以 s、a、p 这三个字母为例，音节或读音的组合构成就有 sap、spa、asp、aps、psa、pas、ass、app、as、ap、pa、sa 十多个。可见，学习英语发音和拼读，复杂且重要。

以前，面对拼读问题，我讲得头头是道，学生听得津津有味，我自认为他们已经能够很容易地拼读单词了。且不知，学生一遇到生词，还是不能顺利地拼读，还需要我讲解。如此这般，语言学习则成为知识灌输，教学反而阻碍了学生进入鲜活的语境中体验、领会和感悟，课堂就成为“一言堂”。

因此，我改变策略，从“大处着手”，在引领学生归纳和理解单词“音变形”的基础上，直接将其引入文章，拼词读句、读段、读全文，在语境中整合字母和音标，形音契合，音形关联。学生在文本中读词音、识词形，让“音形”认读思维同步，体验连读、失去爆破和弱读，就此读句而会意，在体验和内化“音标”变“字母”所形成的碎片知识中，活化拼读规则，不假思索地脱口而读出词音。

教学实例

学生利用“音标”变“字母”所构成的“音形”转化对照表拼读单词。我给出任意一个音标，学生小组抢答，并在小组园地上展示音标所对应的字母及字母组合，以单词举例说明，这样可以激发学生的学习兴趣，使学生在你争我抢的竞技场景中熟练“音形”变化规则。例如：

第一小组展示：元音/ɜː/所对应的字母组合有-er、-ir、-ur、-or、-ear，列举单词 concern、bird、curtain、worker、earthquake 等。

第六小组展示：辅音/ʃ/所对应的字母及字母组合有 s、c、t、sh，列举单词 tension、official、nation、Spanish 等。

【导学】国际音标及其拼读规则是学习单词的利器。运用拼读规则学英语，就能听读超过 90%的英语单词。整体认读 48 个音标，活用“音标”变“字母”的基本规则，就能拼读多数单词。“音标”变“字母”，促使学生生成对单词“音形”的联想思维，在头脑中形成单词的“影像”，进而认读单词。这样，识记单词的“经络”就被打通，“脉搏”产生，“心脏”就会正常跳动。

【反馈】第六小组组长说：“拼读教学使我们对音标与字母的对应关系有了清楚的认识。我们一定要活用单词的‘形变’和‘音变’规则，用以整合字母与读音，关联音形，这样会使我们熟练掌握拼读规则，初步拼读单元中的单词。运用这种方法，我们已经取得了不小的进步。”

英语单词的拼读多数都是有规律可循的，但也有例外，需要学生在学习中多加关注。我们如果不能“抓大放小”在语境中拼读词汇，就有可能只停留在“抓小放大”单独的拼读规则上不能自拔。单单字母组合 ough 在 thought、though、plough、enough、thorough、cough、through 这些单词中就有 7 种不同的发音，分别为/ɔː//əʊ//aʊ//ʌ//ə//ɒ//uː/；字母组合 ea 在 great、breathe、bread、really、reality、Oceania、ocean、forehead 这些单词中也有不同的读音。这些特例需要在学习语言的过程中采取适当的记忆策略来认读和巩固，不必死记硬背。

实践表明，学生只了解拼读规则而不去熟练运用，是不能自然拼读单词的；练习强度和内化力度不够，学生不会应用知识，还是等于没学。灵活运用拼读规则，通过听、说、读、写，协调耳、口、眼、手学习英语，才能为口语和听力奠基。

2. 重读文本，拼读识文

在了解了音标和字母的“音形”转化规则之后，学生再次进入文本，快速拼读、听读、领读、朗读，构筑阅读技能，提高直接拼读词句的能力。

随着学生拼读技能的提升，心理困惑在减轻，兴趣在增强。通过练习，多数学生可以出声地读文本，独立地拼读单词。英语是一种拼音文字，见形知音、听音知形。学生在已有单词的基础上，构建听说单词的逻辑能力，在“形音”融会中获得拼读思维；在鲜活的语境中，英语的拼读功能得到彰显。

然而，英语拼读是一个非常复杂的过程，学生需要建立拼读意识，见词就能根据单词的音节和构词特点读音测义，形成语音拼读思维和拼读意识。

例如，元音/iː/在单词 she、he、we 中变形为字母 e，在其他单词如 people、teenager、niece 中变形为-eo、-ee、-ie。可见，不论字母还是字母组合，在单词中都能发元音/iː/。这是英语的拼读体系，它就好像专门给学生设置了思维“陷阱”，利用好，它就可以成为开发人类语音思维的助推器。谁能掌握拼读转化规则而生成识词技能，谁就能掌控英语单词学习的半壁江山。

(四)在划分中领悟音节

在单词“形音”认读的基础上，学生朗读文本，眼前豁然一亮。面对单词，大脑中浮现出字母及字母组合所对应的拼读音符，即音标。通过逐词逐句地出声拼读、听读和朗读，学生发出的读音清晰自然了；通过模仿跟读，学生有了语流和节奏感。但当读到 Anne's Best Friend 中的 Amsterdam、Netherlands、German、discover、series、thunder、pleasure 等词时，学生不能完整地拼读词音，读到单词的元音时裹足不前，因为这涉及单词音节的划分。

音节是能用听觉区分清楚的基本语音单位，音节之间具有明显的可感知的界限。汉语一般是一个汉字读为一个音节，而四声发音决定汉字不同的字形和意义，这更接近于英语单词的音节。英语中很多单词的重音都在第一个音节上。音节是读音的基本单位，任何单词的读音都能分解为音节来朗读。英语有五个元音特别响亮，一个元音音素可以构成一个音节，一个元音音素和一个或多个辅音音素也可以构成一个音节。一般来说，元音音素可以构成音节，而辅音音素不响亮，就不能构成音节。但辅音音素/m//n//ŋ//l/都是辅音响音，与其他辅音音素结合为成音节，构成的音节出现在词尾，构成非重读音节。单词有单音节、双音节和多音节词之分。音节的核心是元音，单词的重音和次重音决定元音的读音规律。音节知识只有渗透于具体的语境中，用于实践才能发挥作用。

英语的语音形式、音素形式、句法形式等语言结构的教学，不仅能帮助学生掌握语言的形式和意义，还能使学生清楚这些形式的运用。从这个角度来看，语音教学与其说是教给学生拼读知识，倒不如说是培养学生的语音意识。语言使用中显性的语音知识未必有效，最重要的是潜意识中促进语言使用的语音意识的形成和构建。

为了强化学生的拼读技能，我设置了如下教学任务。

任务 1：标注音标，“形音”融合。

运用拼读规则，先拼读单词，标注音标，再找出元音中的重读音节。

根据单词，标注音标(任务)	单词中的字母变音(答案)	分辨重读元音(答案)
add Amsterdam Nazi walk grateful pack exactly swap	/æd/ /æmstəˈdæm/ /ˈnɑːtsi/ /wɔːk/ /ˈgreɪtfʊl//pæk/ /igˈzæktli/ /swɒp/	a→/æ/, /ɑː/, /ɔː/, /eɪ/, /ɒ/
vet Netherlands spellbind secondly	/vet/ /ˈneðələndz/ /ˈspelbaɪnd/ /ˈsekəndli/	e→/e/
tip Kitty	/tɪp/ /ˈkɪti/	i，y→/ɪ/
recover gossip	/rɪˈkʌvə/ /gɒsɪp/	o→/ʌ/ /ɒ/
dusty suffer thunder	/dʌsti/ /ˈsʌfə/ /ˈθʌndə/	u→/ʌ/

【分析】在独立学习中，学生先独自给单词标注音标，再在小组学习中与同伴确认。在全员学习中，我引领学生在核实元音的重读音节的同时，讨论元音字母及字母组合在非重读音节中的读音规律，如/ɪ//ə/。这样，独立学习为学生提供了学习和思考的机会，小组学习帮助学生互相沟通和互相学习，全员学习引发学生对重读和非重读音节的讨论。这也为我了解学情，构思教法，拓展知识，传授学法提供了机会。在我的引领下，学生熟练掌握了“字母构词、音标注音”的方法，培养了“看词读音、见音拼词”的认读技能。

任务2：拼读音标，“音形”融会。

请根据“音标”变“字母”的拼读规则，拼音成词，读写单词，探究音形变化规律，分析元音“音变”中的字母及字母组合。

拼读词音，写成单词(任务)	根据词音，读写词形(答案)	标注重读元音所对应的字母及字母组合(答案)
/kɑːm/ /pɑːtnə/ /ˈmɑːgəʊ/	calm partner Margot	/ɑː/→al，ar
/ˈgɒsɪp/ /swɒp/	gossip swap	/ɒ/→o，a
/igˈnɔː/ /ˈaʊtˈdɔː z/	ignore outdoors	/ɔː/ →ore，oor

续表

拼读词音，写成单词(任务)	根据词音，读写词形(答案)	标注重读元音所对应的字母及字母组合(答案)
/ˈdʒuːɪʃ/ /luː s/ /θruː/ /ˈsuːtkeis/	Jewish loose through suitcase	/uː/→ew，oo，ough，ui
/ˈsɜːveɪ/ /ˈpɜːpəs/ /ˈkɜːt(ə)n/ /kənˈsɜːn/ /ˈdʒɜːmən/	survey purpose curtain concern German	/ɜː/→ur，er，
/ˈneðələndz/ /ˈsetl/ /ˈsekəndli/ /ˈspelblaɪnd/	Netherlands settle secondly spellblind	/e/→e
/ˈgreɪtful/	grateful	/eɪ/→a
/dɪsˈlaɪk/ /ˈaitəm/ /ˈhaɪweɪ/	dislike item highway	/aɪ/→i，igh
/ˈləʊnlɪnɪs/ /ˈəʊvəkəʊt/	loneliness overcoat	/əʊ/→o，oa
/paʊə/ /aʊtˈdɔːz/	power outdoors	/aʊ/→ow，ou
/ˈtiːnˌeɪdʒə/ /dɪsəˈgriː/	teenager disagree	/iː/→ee
/ɪnˈtaɪə/	entire	/aɪə/→ire

【分析】学生在独立学习中，根据音标写出单词；在小组学习中，讨论单词的词形和拼写问题；在全员学习中，共同总结元音对应的字母和字母组合。

经过独立学习和小组学习，学生大都能活用字母的音变规则。在全员学习中，学生内化了元音的变化规则。

任务3：运用音节，拼读单词。

运用字母与音标以及音节规则，归纳包含元音字母a、e、i、o、u、(y)常见音标的单词。

元音字母	读音	例词	写出你的单词
开音节的读音	/eɪ/	crazy，nature，face，native，phrase，brave	
闭音节的读音	/æ/	add，habit，gas，vocabulary，rapidly	
其他音节的读音	/ə/	German，away，advice，apartment，accept	

【分析】此处以字母 a 为例，根据 a 在单词中的不同读音，将单元中含有 a 的单词进行归类。含有字母 e、i、o、u、(y)的单词也依此方法进行归类，此处从略。

任务 4：划分音节，读准单词。

①请先拼读下列单词，然后分析音节，并注意音节中元音的读音变化。

teenager　item　overcoat　purpose

【分析】首先我给出单词 final，让学生朗读并注音。根据读音，我讲解由两个或两个以上的音节构成的单词的音节划分规则。不同的音节划分会影响音节的类型，进而影响音节中字母的读音。这就需要让学生认识英语音节一般由节首、核心和韵尾三部分组成，即节首在前、核心居中、韵尾在后，构成"节首＋核心＋韵尾"的英语音节模式。节首和韵尾一般由一个或多个辅音承担，核心由元音来承担。我以单词 am 和 at 说明单词可以没有节首，以单词 my 和 too 说明单词可以没有韵尾，以单词 I 说明单词甚至既没有节首也没有韵尾，但构成单词必须要有一个核心。因此，一个单词由多少个音节构成要看它有多少个核心。

接着我对单词 final 进行分析。它有两个核心，构成两个音节；就此针对两个核心中间的 n 划给前一音节作为韵尾，还是划给后一音节作为节首进行设问。如果把 n 作为韵尾，前面音节就成为闭音节，根据读音规则应读为/ˈfɪn(ə)l/。实际上，n 应划给后面的音节作为节首，前面的音节成为重读音节，根据读音规则应读为/ˈfaɪn(ə)l/，从而促思融会，深化音节划分的意义。

【探究】根据学生音节划分的情况，我引导学生领悟英语音节的划分规则，让学生从单词音节划分中归纳和推导一般音节划分的最大节首规则，从中运用"一靠后，二分手，中间偏左右，字母组合算一"的划分原则来巩固音节划分，并准确拼读单词。

根据单词 teenager(tee＋na＋ger)、item(i＋tem)、overcoat(o＋ver＋

coat)、purpose (pur＋pose)的音节划分，学生认识到，两个核心之间只有一个辅音字母时，就应该将它划给后面的音节作为节首，从而推导和运用音节划分的"一靠后"规则。

②请先拼读下列单词，然后分析音节，并注意音节中元音的读音变化。

partner　gossip　suffer　settle　dislike

【分析】根据学生对单词 partner(part＋ner)、gossip(gos＋sip)、suffer(suf＋fer)、settle(set＋tle)、dislike(dis＋like)的音节划分，我引领其分析两个核心之间有两个辅音字母的划分规则，前一个辅音划给前一个音节作为韵尾，后一个辅音划给后一个音节作为节首，从而推导和运用音节划分的"二分手"规则。

③请先拼读下列单词，然后分析音节，并注意音节中元音的读音变化。

translate　describe　impression

【分析】根据学生对单词 translate(tran＋slate)、describe(des＋cribe)、impression(im＋pres＋sion/imp＋res＋sion)的音节划分，我引领其分析两个核心之间有三个或三个以上辅音字母(不包括字母组合)时，要把最靠左的一个辅音字母划给前一个音节作为韵尾，最靠右的一个辅音字母划给后一个音节作为节首，剩下的辅音划到前面或后面都可以，因为这不影响音节的类型。这样，在从单元的熟词走向我提供的生词的演练过程中，学生推导并熟练地运用音节划分的"中间偏左右"规则。

④请先拼读下列单词，然后分析音节，并注意音节中元音的读音变化。

Netherlands　highway　athlete　technology　neither

【分析】根据学生对单词 Netherlands(Neth＋er＋lands)、highway(high＋way)、athlete(ath＋lete)、technology(tech＋no＋lo＋gy)、 neither(nei＋ther)的音节划分，我引领其掌握，字母组合在一起发一个音时，就要当作一个整体，从中认识音节划分中的“字母组合算一”规则。英语单词是形、音、义三者的结合体，单从形看，单词是由字母组成的；从形与音结合的角度看，单词是由字母或字母组合构成的，可以从单词的词根和词缀所呈现的含义中推断词义。

讲英语，就好像我们唱歌或跳舞，要按一定的节拍进行，因为语言所产生的声音也是乐音，具有节奏。汉语是一个汉字一个音节，由声母、韵母与声调组成音节。外国人学汉语难就难在不易把握声调，中国人学英语难在音节不易掌握。英语音节是构成单词的基本单位，一个单词至少由一个语音单位构成。音节影响字母在单词中的读音，按音节学单词，就能避免死记硬背，还能消除写作时字母方面的错漏。

任务5：请在单元文本中找出含有以下5种音节的单词，并分析和认读。

种类	开音节	相对开音节	闭音节	成音节	-r音节、-re音节
例词	nature overcoat item	grateful these hide	pack Nazi swap spellbind recover thunder	settle grateful	partner warm German order curtain ignore
请举例					

【分析】根据不同音节的分类标准，音节可以分为多种音节类型。一般学生能分辨开音节、相对开音节、闭音节、成音节、“元音字母＋r”和“元音字母＋re”构成的“-r音节”“-re音节”，就能根据音节类型，区分单词中重读、次重读和弱读等相关的语音变化规则，还能解决单词拼读和识记中形音转化的思维困惑。

任务6：请对照下列单词，在单元词汇表中找出双音节、多音节和多音节派生词，并划分音节，特别关注音节中弱读元音的读音特点。

种类	双音节词	多音节词	多音节派生词
例词	upset ignore concern suitcase usage	Netherlands teenager	loneliness secondly entirely official expression
请举例			

【分析】根据学生归类的单词，我引领学生对双音节词、多音节词、多音节派生词进行音节划分，使其领悟单词的重读、次重读和弱读。我先让学生拼读体验，再启发学生辨别音节中元音的不同读音，尤其是让学生领悟弱读音节中不论字母还是字母组合，构成的音节一般都拼读为/ɪ//ə/这两个读音。这样可以培养学生的探究能力。

接着我引领学生梳理音节划分的变化规则，使其掌握单词中音节的重读、次重读、弱读。我讲解音节变化规则，并让学生举例说明。

(五)在拓展中增进技能

知识通过转化生成语言能力，需要一个铺设、搭建的过程。这一过程需要教师按照学生语言思维形成的规律来铺设。单词的拼读演练，激活了学生的语音意识，使多数学生兴趣盎然，但也会给一些学生带来一定的疲惫感，解决这一矛盾的方法就是把枯燥的知识融入有趣的情境之中。

1. 选用名言，让学生体验词句的音形义

《音乐之声》中的《哆来咪》等一些经久不衰的歌曲，可以让学生在体验歌曲欢快的曲调的同时，看歌词、跟唱、跟读，体验语言的音乐美。适合学生的名人演讲，可以让学生在听读的过程中体验英语语言的音质、乐质。此外，我还选取英语美文让学生独自练读，小组赛读，全班品读，最后进行电脑摇号抽查朗读效果，以防止滥竽充数。如果有的学生不能流利地朗读，或效果不理想，我就留出练习的机会，等学生练熟

了再进行全员品读。这样能锻炼学生"见词读音、听音感悟"的能力，促使学生融会单词的形音，体会语言的节奏。

语言学家认为，人类语言具有音乐的性质。我们只有体味到英语语言的乐性，才能把学英语当作一种美的享受。英语轻重缓急的节奏、起伏的调式，使我们在听和读英语时感受到其行云流水般的乐性，这样学英语就不再是一种负担，而是一种享受。

语音携带的信息远远要比文字携带的信息丰富。相同的句子用不同的调式说出来，其含义就不同；同样的单词或短语，重音的位置不同，则意思也不同。正确发出每个单词的音固然重要，但更重要的是语流，因为语流会直接影响交流的效果，所以衡量一个人口语水平的高低不只是看其发音是否标准，更重要的还要看他所说的英语是否着调。如果说英语不着调，就如同外国人说汉语不着调一样，令人费解。

2. 利用媒介拓展话题，融会形音，生成能力

在教学中，我习惯选用一些与单元话题和阅读文本主题相类似的视频、音频和阅读材料，营造语境，顺理成章地开展一些教学活动。

例如，学习了人教版英语必修一"Unit 1　Anne's Best Friend"，我选用 *Schindler's Ark*（《辛德勒方舟》）的视频或音频材料，使文本《安妮日记》与其无缝衔接。我带领学生朗读和回顾影视片段的文本，让学生听读其中的名句，再以文字展示。例如：

Power is when we have every justification to kill，and we don't.

Whoever saves one life，saves the world entire.

I just want to reach out to you，to touch your loneliness.

For you，a thousand times over.

在看视频、听音频，熟读这些句子之后，我引导学生把这些句子翻译成汉语，促思融会，满足不同学生的需求。

这样利用现代媒介手段，让学生充分体会视频和音频中说话人的语速。学生在体会视频和音频中语速变化的同时，领悟语音的节奏。他们自然会发现，语速快，表现了说话人的紧张、急促、愤怒、烦躁等心理

状态；语速慢，则表达了说话人强调、惊讶、沮丧、忧郁的语气。同时，在回放中，我让学生体会，视频和音频中恰当的语速取决于语言所表达的内容、说话者的意图与所处的环境。

这样一来，我就可以水到渠成地点拨。无论说话还是朗读文本，语速要与思维转换的速度一致，自然流畅。英语句子如同音乐，要有节拍。我让学生打着节拍朗读上面的四个句子，再次让学生体会一个句子有几个重读音节就有几拍的语音规则；同时体会在短语或句子中部分单词失去重音的特点，因为句子的重音不是由单词的多少来决定的，限定词、连接词、介词、代词等在句中会发生音变，失去重音。一个句子除去失去重音的重读音节，还剩下多少个重读音节就会有多少个节拍。

课本的音频是英语听说的好材料。在教学过程中，教师只要善于挖掘和拓展，就能帮助学生发展和培养出良好的语音技能和语感。

(六)在园地中争芳斗艳

我所教过的学生，大学寒暑假一见面就急切地向我汇报学习情况。“老师，我通过了大学英语四级考试，考试前很忙，只熟悉了题型就通过了!”2014 年就读大学的刘嘉敏、姚美珊、刘发伟、赖敏平、吴敏华、刘焕仪、石秋敏、曾彩娴、陈诗颖、龙芬如、钟秋嫦、钟玉桃、列眉君、吴敏华等同学回母校来看我时不约而同地这样说。话音未落，我又听到姚美珊、石秋敏、吴敏华接二连三地补充说：“老师，我还通过了大学英语六级考试，谢谢您中学给我的指导!”

2012 届高三(2)班的学生林颖欣，考入中山大学新华学院，她通过了大学英语四、六级考试，现在从事外贸翻译工作。她说：“如今，英语对我来说不仅仅是我的专业，也是我的兴趣。自从高中时马老师教我英语起，我就对英语产生了浓厚的兴趣。马老师鼓励我学习，使我储备了扎实的语音、词汇和语法等基础知识，培养了我听、说、读、写、译的语言技能。现在，作为一个从事外贸工作的人，我更需要不断提升英语水平和语言素养，而要做到真正意义上的‘专业’，我还有很长的路要走。”

王翠萍，2014 年考入华南理工大学广州学院，英语教育专业，2016 年成为荷兰北方莱瓦顿大学合作交流项目的交换生，到荷兰交换学习半年。她说：“大学的课程从各个方面促使我提升了英语技能，最明显的是口语能力。就我个人而言，感受至深的是，高中三年英语基础知识的学习，使我夯实了基础，丰富了词汇量，为我大学读写能力的迅速提升奠定了基础。”“读大学都是以自学为主的，不像高中那样有老师监管和督促。其实我很感恩马老师。他组织我们听写，训练我们的阅读和写作能力，为我打下了坚实的语言基础，在大学我反而没有机会坚持听写……大学期间，我被荷兰北方莱瓦顿大学合作交流项目选中，在众多面试者中脱颖而出，成为双方学校互派的五名学生之一，获得出国学习的机会。自豪之时我感到荣幸的是，中学时得到了马老师三年的教诲。”

四、效果在研教促学中显现

曾记得，建校一年后，也就是 1997 年，增城市高中英语知识能力竞赛拉开序幕。我利用早、晚自习时间和周末时间辅导学生，最终，黄旅儿、赖永荣分别获得二等奖和三等奖。这次获奖极大地鼓舞了师生，提高了教师的教学信心。新校的学生能在全市英语竞赛中获奖，占领一席之地，实属不易。能在当时获得这一奖项是一种壮举，那是因为学校所招收的 204 名学生中，没有一人达到高中录取的最低分数线。经过三年的学习，我所任教班级的学生黄晓庆被广东外语外贸大学本科英语专业录取，黄旅儿被广州师范学院专科英语专业录取，还有 30 多名学生考入省市高等院校，一部分学生考入成人高校。首届学生最终都完成高中课程，顺利毕业。如今，他们奋战在各行各业，成为各领域的中坚力量。

接下来，我接替高三年级英语，同其他教师一道，继续指导学生备考和冲刺 2000 年的高考。这一年，我们又超额完成了上级教育部门的高考升学指标。我也因此分别在2000年和2003年两次被评为“增城市优秀教师”。教学获得成效和殊荣，是学校和上级对我工作的莫大肯定。

也因为如此，市、区其他学校的教师纷纷前来观摩我的课堂。2002年，增城市教育局教研室和高中英语理事会组织全市高中英语教师来我校举行教研会议并观摩我的公开课。

(一)贴近环境　构思设计

当时，英语教学全靠课本，我把课本知识融入学生的生活，创设语境，让学生运用所学知识进行会话表达。语言学习的最好方法是在课堂中学习，在生活中应用，在技能生成中巩固，在修复错误、完善知识体系中发展，在巩固知识中提高。而正好，读、写是英语学习中输入和输出语言的最佳训练途径，在阅读的基础上提炼语言知识，在学习背景中学以致用，内化成语言表达技能，这成为学用结合的有效途径。

学生阅读文本，获得的单词和句型等语言基础知识，往往是碎片化的。如何让这些语言知识碎片鲜活起来，转化为学生的语言表达能力，是在口语中训练还是在写作中落实，成为教学中需要选择的课题。自从接到教研室安排的全市公开课后，我心里一直琢磨着上什么内容，如何设定教学目标，课堂上讲什么、怎么讲，如何设计教学内容，如何展开教学活动等。经过反复思考，我决定复习单元文本内容，从复习文本阅读中提炼语言要点，结合学生实际，将所学知识要点融入书面表达，进而确立了公开课构思和选材的落脚点。

(二)设计表达　收获好评

2002年，在高一、高二英语教材第13单元到第20单元的学习过程中，学生学习了较多的词句，而缺少应用和实践。为此，我就地取材，基于校园环境，贴近学习生活背景，以单元中的语句为依托提炼知识要点，从口头复习引出文本词句，将所提炼的知识要点作为书面表达的核心词汇和短语，借此设计书面表达内容，使学生学以致用。课堂上，学生从口头讲述过渡到以笔端写出，向全市的听课教师汇报读、说、写英语的情况。

第一，提炼语言要素，从教材的阅读文本中提炼语句，为表达作铺垫。

①China lies in the east of Asian.

②Canada covers six of the world's 24 times areas.

③This is because two thirds of the earth's surface is made of vast oceans.

④The case of Professor Stephen Hawking is one example of the many disabled people who have achieved success in their chosen field of work.

⑤Which group of people did King support? How much success did he have?

⑥He's doing very well in the navy.

第二，提炼知识要点，遣词造句，铺垫表达基础。学生从所复习的语句中提取 lie、cover、be made of、achieve success、have success、do well in 等语言素材，进行口头、笔头遣词造句并导出；以"My School"为主题，按照写作内容，运用知识要点，融入思想感情，完成书面表达任务。

第三，贴近学习背景，设计书面表达。

【书面表达】假如你是韩英，在广州某中学读书，外国朋友艾美、加妮和英格前来参观你校。艾美请你写一篇介绍学校的英语短文。请参考以下信息。

校名	荔城中学	**位置**	增城市东面的礁石岭山脚下	**面积**	5334 平方米
师生数	教师 114 人，学生 1659 人	**班级数**	29 个教学班		
基本情况	·1996 年 9 月建校，教师教学严谨，学生学习认真，取得了可喜的成绩 ·现有 2 幢教学楼、4 幢住宿楼，校门左侧已建成 2 幢公寓，校内 1 幢教学楼正在兴建				

第四，教学语境化，表达多元化。这篇书面表达以“My School”为主题设计，融合单元词句和语法知识等，贴近学校背景命题，以展开课堂实践活动。学生运用笔端呈现校园中师生的风貌，在抒发对学校情怀和对教师感情的同时，完成语言知识的输出，优化语言知识，完成表达任务。

【学生习作】

My School

I'm a student named Han Ying from Licheng Middle School. I'm glad to tell you something about our school. Our school is (lies/is situated/is located) at the foot of Jiaoshi Hills in the east of Zengcheng City and covers (has/spreads) an area of 5334 square meters.

Our school was built (set up/founded/established) in September, 1996. At present, there are two classroom buildings and four dormitory ones. Two apartment buildings have been built (set up/completed) on the left of the school gate. And inside the school a new teaching building is under construction.

At present, there are 114 teachers and 1659 students in our school. The school is made up of (consists of/has) 29 classes. For these years, both teachers and students have been strict in their work and study. They have achieved great success (have had much success/have been very successful/have done well) in both their work and study. I dare say our school is getting better and more beautiful.

【分析】从学生习作中不难发现，学生根据背景和信息要点，参照从教材中学得的“位于(lie)”“占有(面积)(cover)”“组成(be made up of)”“取得成绩(have success in、do well in)”等语言素材，结合上下文语境中的逻辑关系和语境特点，运用了be situated、located at、have/spread an area of、be made up of、consist of/have/there be、achieve great success/have much success、be very successful等类似短语，在表达时还使

用了更贴切的词汇和短语，如 be built/set up/founded/established、under construction 等，由此使书面表达达到“1＋1＞2”的语言表达效果。

从学生的语言表达中可以看到，词与句这两个重要的语言“元件”，在大脑语言思维的作用下构成千差万别的句子；在语言结构的框架下组词造句，构成段落；各段落之间按一定的语言表达方式和语言规则构成有血有肉、表情达意、有始有终的英语短文。

多年来，英语书面表达大多是依据词句功能和语篇衔接手段，贴近考查对象所处的背景来选材命题的，以此让学生运用语言知识，完成书面表达。

不难发现，英语表达是一种语言思维转化中知识与技能融会、语言与情感交互的统合性过程。读是语言的输入，写是语言的输出，二者在语言学习中相辅相成、相得益彰。学生一般通过阅读吸收语言，碰撞思想火花，激活语言思维。基于阅读文本设计而成的书面表达，可以帮助学生运用合适的词句完成书面表达。书面表达的设计原则是，尽量以极少的汉语提供足够的信息，激发学生的联想，使学生活用词法和句法，在英汉语言思维的转化中通过联想构思主题，完成书面表达。

(三)反思教学　撰发论文

学生在向全市听课教师汇报书面表达语言输出的同时，在已有知识和能力的基础上拓展写作空间，把从课本中获得的知识变成鲜活的语言，付诸一定的思想情感来描述学校的发展变化给自己带来的真情实感。此外，从教学设计方面看，我将一些教学理念与教育情怀相结合，挖掘教学资源，提炼教学素材，使教学思想得以升华，让时代发展的元素得以融会。这表明，书面表达并不是东拼西凑、毫无关联的知识碎片，而是就地取材，合理设计，优化课堂教学而形成的语言思维表达的实践活动。

探究规律，构建读写模式，是教学的重点，也是难点；探究教学，探索高考，寻找规律，有的放矢地开展教学，又可以给教学注入活力，促使学生产生一定的学习动力。

实践表明，书面表达建立在对英语基础知识灵活运用的基础上，以基本词汇、常用句型以及习惯表达等在具体语境中的灵活运用为前提，以使用简单的篇章衔接语为基础，以考查语言基础知识的熟练程度为目标。因此，如果仅仅靠“背记”“巧取”而不落实操练，学生是达不到熟能生巧、炉火纯青的地步的，也就难以写出质量上乘的书面表达。

结合全市公开课所采用的书面表达教学方法，我撰写了论文《书面表达的课堂设计及其训练策略》，发表在《中小学英语教学与研究》(2003年第1期)上。很多教师读到这篇文章，回顾和对照所观摩的课堂活动，都感触很深。在一次教研会议上，增城市教育局教研员潘殿仁老师说，这是一次“教研学”为一体的英语教学示范课。

第二章

重构课堂

一、课程改革在课堂展评中实施

我校属于广州市第五类生源学校。原来学生入校成绩一直排在增城区5000名开外，自从中考自主择校填报志愿以来，学生“基础差、底子薄”的现象更加凸显。照这样的入学成绩，学生的发展前途着实不容乐观。入校学生虽然还处于逐步成熟的年龄阶段，但也懵懂地知道自己的处境，并隐隐地为自己的前景担忧、迷茫和焦躁。更为突出的问题是，他们中90%以上的学生来自农村家庭，部分还是“留守学生”，父母长年在外打工，一向对他们疏于管理。由于缺少良好的教育环境和家庭氛围，他们更像是一群没经现代城市文明洗礼的“泥娃娃”，身上保留着质朴的乡土气息，就像是一块未经雕饰、憨态可掬的璞玉。种种因素使他们在融入社会、走向城市文明的进程中既缺乏“言之有理”的言语习惯，又缺少“行之有礼”的行为规范。在社会生活中，人们常常把文明礼貌程度作为衡量一个国家和民族是否发达的标准之一；对个人而言，则是衡量道德水准和有无修养的重要尺度。如果忽视对这一群体良好言行习惯的培养，无疑将会成为现代教育的重大缺憾。“爱人·树人·立人”是我校的办学理念，我们既希望学生在成功中成长，更希望学生在成长中成人。“爱人”着眼于教育的情感态度，成为我们育人的基础；“树人”关注的是教育的过程，又成为我们育人的举措；“立人”是我们教书育人所追求的价值。

我校生源一直处于广州市和增城区两级的下层，学生的背景和状况不同，学习水平悬殊。来自城镇的少数学生的英语水平比来自农村的大多数学生要高，但这却是凤毛麟角；而农村和外来务工人员的子女占大多数，英语水平参差不齐。经过问卷调查、谈话与测试，我深入学生当中了解他们的学习和思想状况，有针对性地开展初高中英语衔接教学，用以前成功的学习案例激励学生，激发他们的求知欲，引导他们用已知融会未知，以此拓展新知，从所学课程中挖掘资料，用于培养学习的思维品质，采用切实的、科学的学习方法强化知识内容，从而养成良好的学习习惯。

从2008年开始，我和数学老师侯晓燕在所任教的班级尝试课程改革。暑假，我们参加了郭思乐老师的“生本教育”培训，并到山东省昌乐二中进行实地考察和观摩学习，就此我们坚定了课程改革的决心，并学习国内外课程改革的成果，探索符合学生实际的小组合作学习模式。课程改革实施后，我们发现课堂上不再有学生打瞌睡了，学生学习的主动性和积极性提高了，自信心和表现力增强了，学习成绩明显高于平行班，班级凝聚力也得了到空前提升。我们建立的小组合作学习不仅受到全班学生的欢迎，而且激发了其他教师课程改革的热情，一股强劲的课程改革之风在校园里悄然兴起。

(一)课堂模式：“两展两评”

2010年，学校因势利导，在我们开展的小组合作学习实验的基础上，经过调研，从课堂教学诸方面探索和实践，确立了学校的“两展两评课堂模式”，并正式在我和侯晓燕老师任教的高三(1)班展开实验。当年9月开学的第一天，全校文科教师都来观摩我们的课堂，随后“两展两评课堂模式”在高一年级实施。这种课堂模式带来了以下影响。

1. 课堂结构的变化

在实施小组合作学习的基础上，学校确立了“两展两评课堂模式”，将课堂进行了三方面改进。

(1)组员结构

实施课程改革的班级，每班分为8～9组，每组6名学生，分成A、B、C共3个层级；每一层级的2人分别为A1、A2，B1、B2，C1、C2；每组每学科设1名组长，对组员的“课堂合作探究能力、学习目标达成度、学习任务完成情况”负责，并给予评价。

(2)教室布置

室内课桌按小组摆放，这样能使学生进行面对面的交流。

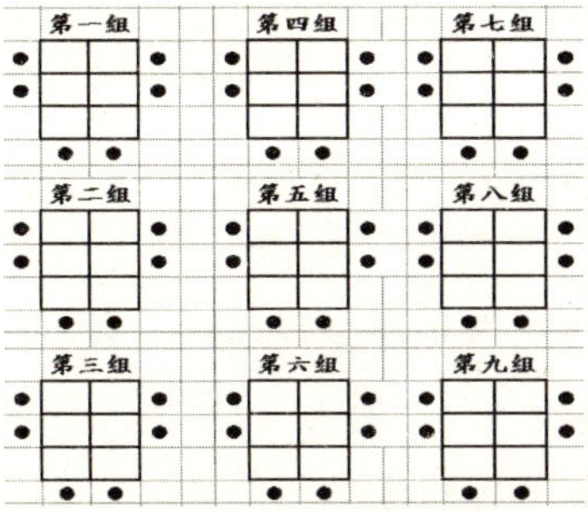

课桌摆放示意图

课桌摆放实景图

(3)黑板配置

为了最大限度地提高教学实效，教室前后有两块加长的黑板，平均分为10栏；每组选一栏作为固定的展示平台，平台上方标有该比拼小组的名称。

第一组						PK	第二组					
A1	A2	B1	B2	C1	C2		A1	A2	B1	B2	C1	C2
陈××	赵××	张××	李××	王××	孙××		李××	赖××	刘××	宋××	石××	黄××

展示平台示意图(部分)

2. 课堂模式的亮点

“两展两评课堂模式”从酝酿、尝试到发展成为全校实施的课堂模式，体现了四个亮点。

第一，时间分配。“两展两评课堂模式”探索“以学生为中心”的有效课堂教学模式，对课堂时间进行切割。教师讲授20分钟，师生互动10分钟，学生理解和运用10分钟。

第二，量化考评。“两展两评课堂模式”的理念和操作日益成熟。学校制定了《两展两评课堂模式实施细则》，强调学习成果当堂展示及评价。为了调动师生的积极性，这一阶段学校以比例量化来考评成绩，要求优秀课的学生展示率(学生展示率＝参加展示的人数÷班级总人数×

100%)要超过60%。

第三，分层教学。“两展两评课堂模式”的实施细则完善后，教师特别注重课堂展示和评价环节，将6名成员组成的小组分为A、B、C三个层级，每一层级有2名学生，每节课小组按规定展示两次并比拼两次。在展示归纳环节中，教师按学科知识的难易程度给A、B、C层的学生分配学习任务，点出学生的代号(如B1)，则各小组中相应的学生到各组园地展示，写出学习结果，再由对应比拼小组的B2同学评改和点评；在两组学生的见证下，B2同学写出这次展示的评价；最后，教师进行引领、点评、小结和拓展。

第四，灵活调控。时间、量化、分层等环节，由教师根据教情、学情和生情灵活调控，采取适当策略、方式激励学生，使学生互帮互助，竞相学习。

(二)课堂模式的内涵

我校制定了“改革教学现状，提高教育质量”的战略举措，郑重推出了“两展两评课堂模式”，把课程改革的重心坚定不移地落实到高效课堂的打造上，向40分钟要效率，向高效课堂要质量。

“两展两评课堂模式”是采用小组合作学习的形式，培养学生独立学习、主动参与、合作探究的科学态度和实践意识，以此全面实施和推进素质教育。它不完全等同于“以学生为中心”的西方模式，也有别于“以教师为中心”的传统模式。“两展两评课堂模式”的概念含有丰富而又深刻的教育教学内涵。

1. 课堂模式的教学内涵

第一，课程层面的框架。我校一直以来全面贯彻和落实新课程改革的精神，课程改革在必修课程、选修课程和校本课程中全面展开，三者之间的比例为2∶1∶1。必修教材、选修教材和自选校本教材三者之间的比例也是2∶1∶1。

第二，知识层面的架构。课堂知识的学习由基础知识、延伸知识和拓展知识的学习组合而成，三者之间的比例为2∶1∶1。课堂教学，首先着眼于“双基”知识（基本原理和基本技能）的训练与培养，其次注重在基础之上的提升和拓展，最后还要注意与旧知识的联系与融通，温故知新。三类知识合理调配，以此发挥课堂的最大效用。

第三，学生层面的组构。每班学生由“主动型”（学习能力中等的学生）、“独立型”（学习能力较强的学生）和“依赖型”（学习能力较弱的学生）三部分构成，三者之间的比例为2∶1∶1。虽然我校的生源层次较低，但我们尊重学生的起点，注重教学的过程，旨在提升学生的积极性，从而使其获得成就感。

当时的周丽红校长把这一课程改革界定为“211课堂教学模式”，也就是现在的“两展两评课堂模式”。

小组展示

“两展两评课堂模式”内涵的研讨与界定，为师生提供了崭新的课程改革视野，在历史和未来的经纬中，我们探寻出“两展两评课堂模式”的高效性，实现了课堂教学传统模式与现代模式的平稳对接，形成了“教师与学生两主兼容”的教学思想。教师是课堂的主导者，学生是学习的主动者。课堂既注重科学，又讲究艺术。注重科学，体现在课堂上学生主动探究与合作进取；讲究艺术，体现在课堂上教师巧妙引导和智慧点拨。点，就会“点睛则龙飞，点石则成金”；拨，则能“拨散满天云，抬头见日升”，甚至“挥手一拨琴，俨如坐春风”。

经过多年的实践，“两展两评课堂模式”使教师坚定了教学信念：没有不爱学的学生，也没有不会学的学生。

推行“两展两评课堂模式”，正是贯彻这一理念的最佳体现。因为在“两展两评课堂模式”的运行中，学习过程是学生之间互助互学、心灵沟通、信息交换、情感交流的复合过程。“两展两评课堂模式”有利于学生大容量、高密度、快节奏地获取信息，使生与生、生与师之间的交流更具有多维性和交互性。不仅如此，小组合作探究更有利于学生自我意识和团队意识的形成以及学习潜能的发挥。

2. 教学效果的保障措施

根据课程教学内容，针对学生的实际知识层次和能力，我们编写了三种层次的导学案。导学案是全面贯彻素质教育精神，打造高效课堂的有效载体，是用于指导学生独立学习、主动参与、合作探究的学习方案，是教师用以帮助学生掌握教材内容、沟通教与学的桥梁，也是培养学生独立学习、合作探究的重要支撑。每篇导学案必须具有“导学导练、导思导行”的引领作用。今天，随着新课程改革的不断深入、课时的减少，提高课堂实效，非但必要而且迫切！因此，我们在导学案编制中，舍得花力气，真抓实干，抓质量，抓特色，抓成绩，抓效率。

第一，全面体现以能力立意建构高效课堂的意识，以设疑激趣为先导，以揭示规律为重点，以主动参与为途径，以创新思维为核心，以评价激励为手段，以整体高效为目标，打造精导精练的高效课堂。

第二，注重细节，体现“四备”，即教师备课标、备教材、备学生、备教法。

第三，精心编制导学案。一人主备，备课组集备，通过讨论、修改、补充予以完善。导学案以“教学目标要明确，训练题目要规范化，学科知识要技能化，技能形成要系列化”为要求，为学生清晰地描绘出学习路线图；同时保持教学重点的突出性、课堂结构的完整性，减少教学的随意性和无效性。

第四，导学案要确保学生的课堂主体作用，充分发挥教师的主导作用，应用训练的主线作用，精心设计导向语、点拨语，精心设计和选择思考题，体现“精讲精练”的原则。

第五，备课组要统一使用导学案。在确保单元导学目标整体落实的前提下，我们允许对导学案进行个性拓展和深化。导学案要留有个性拓展的空间，末尾留有教后反思的空间。

二、教学理念在展评模式中构建

课程改革的根本目的是实现国家课程的最优化，而课程最优化的实现需要以教情、生情和校情为基础。每位教师的教育教学素养和教学风格都存在个体差异，他们对教育教学的价值有个体偏好，对教育教学的文本材料有自己的理解和认识。因此，每位教师都必然在国家课程及其教材处理上打上自己独特的烙印，由此构成各自独特的教情。每位教师任教的学校不同，执教的班级不同，面对的学生不同；不同的学生带进课堂的经验又不同，他们的经验与作为课程实施载体的教材的联结方式以及他们对教材的理解方式、体验方式和内化方式都有差异。学生各自的经验所带来的不同学习方式，决定了教师在课程实施方式上的具体差异，由此构成独特的生情。不同学校给教师提供的条件与教学资源不同，必然会体现在教师对课程实施的不同处理上，由此构成独特的校情。

课堂是承载教师职业生涯和学生学习生涯的主要场所，是师生长久而又重要的生命舞台。教学改革触动了课堂，改变了教师和学生的生活。新课程改革的重点和难点在于把课程理念转化为课堂教学行为，把教学决策转化为操作技术。为此，课程改革要求教师改变传统的教学方式，倡导自主、合作、探究式学习，以此提升课堂教学的品质，提升教师教学的才能和智慧，让学生学会学习，构建各自的思维方式，向主体性人格的形成方向发展，其目的在于让学生把今天的学习转化为明天的生活方式。

鉴于此，为了深入推进新课程改革理念下的教学改革，我根据全校的班级组成结构和小组成员之间的组合特点，结合小组成员的英语知识层次和程度，以“促思融会”的教学理念在“两展两评课堂模式”下构建适合英语教学的“独立学习、小组学习、全员学习”的学习范式。在这样的学习活动中，通过层层的教学环节，我激励每一个学生参与课堂活动，依据英语学科的特点和授课任务，运用“创设情境、激发思维、引领拓展”的教学策略，探索和研究开展高效课堂的途径和方法，深入了解生情，尊重学生，相信学生，引导学生，启发学生，以此提升学生的学习效果、思维品质和文化素养。

(一)教学理念：促思融会

教育部组织专家研制的中国学生发展核心素养指标体系包括外语素养，即“能够根据自己的愿望和需求，通过口头或书面等语言形式，运用其他语言实现理解、表达和交流”。英语是当今世界主要的通用语，是全国最大的外语语种，因此，英语学科素养成为研究外语学科素养的重大组成部分。

英语学科核心素养强调人的思维，强调英语、英语学习与思维的关系。英语学科具有培养通用思维能力的功能，英语思维体现在学科特色和英语学习对通用思维能力的培养上。英语是一种语言技能，这体现了英语的语言价值，更重要的还有其作为一门学科的育人价值，二者构成了英语学科的综合性价值。只有准确把握英语学科的育人价值，英语学科的语言价值才能落到实处，核心素养的内涵才能得以理解，语言价值和育人价值才能在英语学习中得以交相辉映、相得益彰。

英语教学旨在激发学生的情趣，促其多维思考，体验和实践语言，从中整合已知，关联未知，促使知识融会、技能融会、知识与技能融会，在构建语言思维的过程中获得语言知识和表达能力；进而达到使学生通过进一步的英语学习，拓展语言的思维空间和认识空间，具备能够适应终身发展和社会发展所必需的品格和关键能力，构建英语学科的核心素养，形成语言思维品质，提高文化素养，实现交际这一目的。

鉴于此，英语教学实际上是一种“促思融会”的语言思维转换和技能生成过程，学习策略和方法相统一的实践过程。这是因为，任何一种语言的学习都建立在某些知识积累的基础之上，针对学习内容，不断构建学习策略和方法，促使学生将知识与思维相链接，促使学生语用能力的提升。教学过程和经验表明，尊重人，促进其发展；激励人，促使其树立信心；激发人，增进其思考，由此使学生在评价中提高和完善知识，提升语言技能，推动语言学习从理性分析思维向直觉思维发展，呼之即来，脱口而出。

第一，“促思融会”旨在“培养学生的观察、记忆、思维、想象能力和创新精神”，使其“运用观察、发现、归纳和实践等方法学习语言知识、感悟语言功能”。

第二，这一教学理念基于“促思”理论。孔子说：“学而不思则罔，思而不学则殆。”学而不思，会被知识的表象所蒙蔽；思而不学，又会因疑惑而无为。不加思考一味地读书，会被书本牵着鼻子走，被书本所累，被书本的表象所迷惑而不得其解。例如，学会 26 个字母和熟悉 48 个音标却不能转化成拼读思维技能以拼词识义，学会词性与分辨句子成分却不能应用于解读复杂语句的语言结构。学习知识而不能转换为语言能力，问题就不能得以解决，学生反而疑惑重生，甚至否定自己的外语学习能力，怪自己毫无语言天赋。人们普遍都能学会新语言，甚至学会多种语言，这是不容置疑的。

由此，我从“学生”到“教师”，再从“教师”到“学生”，最后又回到“教师”，不断转换角色。角色转换过程使我深刻认识到学习语言就是积累知识，促进语言思维转化的过程，是一种获得语言表达能力的过程，更是增进语言思维发展和提升语言表达能力的过程。因此，“促思融会”既是教学理念，又是教学策略和学习方法，是指在教学中，激发学生的学习情趣和潜质，让知识关联，形成语言技能，培养学生英语学科的思维品质和文化素养。

英语的语音、词汇、语法和修辞等要素之间具有系统性、规律性和实践性，具有特定的语言规则和生成规律，具有比较规范的结构性表达形式。词汇的音、形、义之间具有密切的关联性、统一性和逻辑性。学生只有掌握了词汇和语法等知识，在文本学习中通过听、说、读、写、译的语言练习将语言知识内化为语言技能，学而思，思而学，学思同步并行，才能使语言为己所用，用以表达思想，交流信息，拓展认知，促使语言思维能力的进一步提升。所以说，语言学习是一种"促思融会"的过程和结果。

西方哲人康德说过："感性无知性则盲，知性无感性则空。"这与孔子的说法如出一辙。足见人类在知识的认知和获取上，不论地域和种族的差异，其根本性的原则是一致的。学习，只靠死记硬背，不经思考而消化，那还有什么收获可言？

第三，"融会"是基于朱熹在《朱子全书·学三》中的观点而构建的，是指在语言学习中促使知识之间融会、技能之间融会、知识与技能之间融会。他说："举一而反三，闻一而知十，乃学者用功之深，穷理之熟，然后能融会贯通，以至于此。"在语言学习上，我们达不到朱熹所主张的"融会贯通"的境界，但可以融会即学即得的相关知识，全面、透彻地领悟知识，从分析性的理性语言思维发展到直觉性的语言思维，脱口而出，自如流畅地表达语言。

语言学习是知识不断深化、变得纯熟的过程。这一过程促使学生思考并不断锤炼语言技能，提升知识的广度、思维的深度、语言接受的敏感度，促进学生更广、更深、更多地多维思考，提升其对语言的敏感度、感悟力和内化力，从而构建语言思维能力，拓宽视野。如果学生能达到语言学习的如此境界，就能拓展语言学习的多维空间，从书内走向书外，从课内走向课外，从语言学习走向语言使用。

(二)学习范式：独立学习、小组学习、全员学习

教育的本质是让每个人都生活得更美好。教育不是比输赢，把人分成成功者和失败者，而是促进每个个体更加完善。因此，课堂学习也要让每个学生学习得更美好，而不能把学生分成好学生和差学生来对待。

但学生知识的掌握的确有先后，只有通过个体的努力、同伴的帮助和教师的引领，才能优势互补，共同发展和提高。我采用的这种学习范式正是根据这一理念，基于学生的心理特点和学习状况而构建的，是为促进学生独立学习、相互合作和全面探究而创设的。

增城区教师观摩高二英语学业水平备考冲刺“英语动词专项演练”公开课

“独立学习、小组学习、全员学习”的学习范式源自课程标准对英语学科的教学要求。教师要为学生提供自主学习和相互交流的机会，使学生在充分表现和自我发展的空间中合作学习、互相学习、互相帮助，体验集体荣誉感和成就感，发展合作精神。教师自始至终关注学生的情感，营造宽松、民主、和谐的教学氛围，让学生从自己的兴趣、生活经验和认知水平出发，在参与、体验、实践、合作与交流中学习语言。

第一，独立学习是指在教师的指导下，学生根据学习需要，对学习目标、内容和方式做出选择，通过自我调控参与学习活动，达成学习目标。教师设计学习内容，学生独立学习，独立阅读教科书等，进行体验式学习，从中独立获取基本知识，习得基本技能。当然，由于学生基础和潜质的差异，有的学生学得快，有的学生学得慢，程度和进度有别。独立学习尊重个体，学生可以按照自己的速度和方式超前学习。我鼓励优秀学生跳跃式超前学习，鼓励自学能力较弱的学生课前先学；将“学跟着教走”变为“教为学服务”，通过“自我导向、自我激励、自我监控”

的独立学习，让学生成为课堂学习的主人，构建“促思融会”理念下的高品质课堂。

第二，小组学习是新课程积极倡导的一种学习方式，就是“鼓励合作学习，促进学生之间的相互交流、共同发展，促进师生教学相长”。传统课堂是“一与多”的模式，通常教师难以顾及每个学生。学生在独立学习的基础上，开展小组学习，通过自主、合作、探究式学习，解决疑难问题。在独立学习中遇到的问题和困难先在组内解决，促使学生更多地思考以解决疑惑，同时发现深层次问题，让学习能力较强的学生发挥任课教师所不能发挥的作用，让不同的学习需求得到及时和有针对性的满足。学习能力较弱的学生因得到学习能力较强的学生的帮扶得以提高；而学习能力较强的学生因帮扶学习能力较弱的学生，又使自己的知识水平得以深化。在“促思融会”理念的指引下，小组学习能让学生思考、研究、互助，合作完成学习任务。

在合作交流中，学生灵性的火花在闪烁，情感的潮水在涌动，思维的翅膀在自由飞翔。简单的问题由独立学习来解决，稍难的问题由小组学习来解决，难度较大的问题由全员学习来解决。小组学习在独立学习的基础上以静带动，以先进推后进，以组互助，使学生在“促思融会”理念的指引下竞知、释然，从而提高整体学习水平。

第三，全员学习是在独立学习和小组学习的基础上，将所达成的共识、形成的成果和不解的疑惑汇总交流，在教师的引领下，分享成果、释疑解惑、竞争激励。教师就此引领学习活动，师生共同拓展知识和技能，使全体学生在“促思融会”的学习氛围中活化知识、内化技能，从而完成学习任务。

全员学习在学生自我感知、协作学习、比帮赶超中，营造你争我抢、不甘落伍的学习氛围，造就灵动的课堂，使学生合作双赢、共同提高。在此教学过程中，教师是设计者、指导者、引领者、调控者、评价者和先行者，同时又是学生全员学习中的伙伴。

由此可见，学生在独立学习中独立思考，以旧带新；在小组学习中互帮互学，达成共识，收集成果和疑惑；在全员学习中分享成果，凝聚集体智慧，解决疑难，培养团队合作精神和奉献精神。

在独立学习、小组学习、全员学习的过程中，学生可以正确地认识自己、尊重他人，学会交流与合作，形成凝聚力，发扬团队精神，构建班级文化，实现高中课程改革所设立的目标——“创设有利于引导学生主动学习的课程实施环境，提高学生自主学习、合作交流以及分析和解决问题的能力”。

(三)教学策略：创设语境、激发思维、引领拓展

教学策略以课程标准为指导，倡导学生要亲身感受和直接体验语言。教师应利用音像、网络资料、计算机和多媒体教学软件，开发和利用视频音频、英语报刊、图书等多种资源来“创设语境”，设计探究式的学习活动，促进学生实践语言的能力和创新思维的发展，激发学生学习的兴趣，使学生拓展思维方式。教师应引领学生结合语境，采用推测、查阅或询问等方式进行学习，磨砺意志、陶冶情操，从中拓宽视野，丰富生活经历，发展个性和提高人文素养，在“引领拓展”的教学活动中完成学习任务。

第一，创设语境。我运用教学资源和资料，为学生搭建语言学习的平台，营造英语学习和语言交际所需要的语境。语境包括上下文语境、情境语境、社会文化语境、认知语境和虚拟语境等。这些语言学习因素为学生创设语言学习背景，为教学内容的学习创设相应的学习环境，使教学内容更加贴近实际学习，吸引学生积极参与课堂活动，使其在独立学习和思考、小组讨论和交流、全员学习和展示等方式中深化与探讨，在语境中激发思维、启迪智慧，在语言学习中构建班级团体文化。

在教学中，我根据教学内容和活动任务用形象、生动的语言来构建上下文语境，采用实物、图画等创设学习情境，运用录音机、录像机、计算机、幻灯等多种媒体创设社会文化、认知和虚拟语境等，激活学生的语言知识网络和认知图式，为创新思维的发展创造条件。

第二，激发思维。语言是思维的外壳，语言水平的高低直接制约学生语言的表达和语言思维的生成。著名教育家杜威认为，思维乃教育的核心，教育最主要的目的就是让学生学会如何思考。

可见，语言的发展促进思维的发展，思维的发展同样对语言的发展产生重要的影响，两者是相互依存、相互促进的关系。思维的发展对语言的发展起着积极的作用。用英语思维是指学生在英语学习中将母语的习得过程正迁移于英语学习中，吸收消化知识，运用英语语言的表达方式，用英语直接理解、判断和表达，达到“促思融会”的语言表达境地。

第三，引领拓展。英语教学其实是教师引领学生进行语言学习，进而拓展知识与培养能力的语言实践活动。在学习中，通过教师的引领，学生参与语言实践与练习，不断地积累和拓展知识与技能，提升语言思维能力。

学生在我的鼓励和指导下，通过体验、实践、参与和合作等方式，发现语言规律，掌握语言知识和技能，不断调整情感态度，形成有效的学习策略，发展自主学习能力，开阔视野。每次教学活动和语言学习实践，我都要启迪教与学的智慧，激发学生的思维，促使课程内容中新旧知识的对接，增进学生的好奇心和求知欲，使其更新观念，产生思维碰撞，让知识和技能螺旋式攀升，从而发展学生的听、说、读、写、译能力，促进其文化素养和人文品质的提高。

教学理念、学习范式、教学策略在英语教学中是一个有机的统一体，但又各自独立运作。“促思融会”既是教学理念，又可以作为学习方法，贯穿于学习范式和教学策略之中。学习范式中的三个环节在课堂教学中的顺序并非是一成不变的，而是要根据教学内容、学习需要与学生状况进行灵活调整。有些内容独立学习后直接进入全员学习，让个人为小组展示赢得积分和奖励，教师引领拓展，先学后教；也可根据教学内容的重点、难点和语言技能培养的需要，在教师的引领下先全员学习，呈现、分析和演示内容，然后依据学习任务，启动小组学习，经过合作讨论探究，抢答展示，以先教后学来深化巩固。只有灵活应用“教学有法，教无定法”的原理，课堂教学才会更具灵活性和趣味性。

教学策略中的“创设情境、激发思维、引领拓展”是围绕学习范式灵活展开的。因英语学科的授课特点和教学内容的不同，这三者在教学环节中往往也不受顺序的限制。教师要根据学习内容和教学资源的不同调控和运用；否则会导致课堂从最初充满激情发展为僵化呆板，成为教条。

三、展评模式在反思实践中拓展

(一)课程改革模式的反思

多年的课程改革和教学改革的推进与实施，使我深刻地认识到，教学改革不是仅凭一种模式就能纵横教育教学界的，而是要靠教育教学智慧的再现与应用。如果轰轰烈烈的课程改革和教学改革，使整个学校的所有教师都实行一种模式教学，用一种教法授课，用设计好的同样的教学环节和程序上课，刚开始可能是激活了传统的课堂，但久而久之可能会成为一种呆板的教条。每门学科都有各自的知识体系和结构特点，每位教师都有自己的个性和优势，这些都是教育的潜力和教育教学创新的源泉。教师只有灵活应用“自主学习、主动探究”的模式，才能激活智慧，从而创新教学，形成属于自己的独特的教学风格。每个学生都有自己的学习风格、学习习惯，而学习更是一个渐进的过程。教师要适时让学生在“自主探究”中充分运用所具备的知识和能力。如果学生自己能够理解，再借助同伴的好学法，以巩固知识，熟练技能，就应针对学习内容开展“先学后教”。如果学生不懂，还硬要花费课堂宝贵的时间去“先学后教”，那就会得不偿失。由思维导图发展而来的“思维导学”，是一种很好的学习方法。如果一堂课把一种方法贯彻到底，教学内容不适合“思维导学”而硬要把相关的内容加入思维导图之中，那就是僵死的教条，将会阻碍学生思维的发展，阻碍教学内容的深入开展。当然，如果硬要把学生置入同一种模式，自然会有一部分学生受益，也会有一部分学生受害，背离了创新的本质，这与真正的课程改革和教学改革的初衷是背道而驰的。

(二)课程改革模式的拓展

“两展两评课堂模式”，首先是学生自给自足的“自留地”。学生可以在“独立学习”中直接发表自己的见解，也可以在“小组学习”中作为代表表达思想，还可以在“全员学习”中，激发灵感，表达和展示自己的成果。教师可以从学生的成果中看到学生的思维发展、知识领会、创新程度，从而因材施教。

然而，如果“两展两评课堂模式”最初是出于“没有规矩不成方圆”的考虑而制定的话，那么在具体的教学过程中，教师基于教学内容和学生实际发展而来的“一展一评”“一展多评”“多展一评”，甚至“多展多评”的课堂模式将会使课堂活动充满生机和活力，这样能极大地释放出教育智慧和教学灵感，推动“自主、合作、探究”的新课程改革理念的纵横发展，并营造出有效课堂和高效课堂。因此，课堂上“展什么、评什么”要根据教学内容和学生的学习情况而定，什么时候展示、什么时候点评，这是一种教学积累和经验，又是一种教学艺术，更是教学上的创新艺术。“展”的内容要做到合适和恰当，“评”的语言要有针对性，运用合适的语言恰当地表述，既要有深度又要有广度；可以开门见山答疑解惑，也可以答疑设疑，促进多维思考，达到峰回路转、柳暗花明的教学效果，这就是展评模式发展的生命力所在。

四、优秀案例在学习范式评议中生成

广州市每年的高考英语模拟测试，紧跟时代发展，贴近学生选材命题，对培养学生的人文情怀，使其树立正确的人生观与家庭价值观起到强化和引领作用。在高考备考冲刺中，考前命题、考中答题、考后评议是有效备考冲刺的系统环节。那么，如何有效展评并深入演练试卷呢？基于学生现状，我们凝聚智慧，发挥“两展两评课堂模式”的优势，解决暴露出的典型问题，从而深化命题的思想内涵，促使学生的应考能力不断提升。

正因如此，在高考备考冲刺阶段，我十分关注备考策略的实施和有效课堂活动的设计，积累了一批质量较高的高考复习备考教学案例。

英语写作是传递个人思想与生活体悟的重要通道，既能检验学生语言表达的准确性、规范性与流畅性，又能考查其价值判断、逻辑推理与情感诉求等思辨能力。2015 年广州市英语“二测”读写任务正能体现和深化这一主导思想。它以阅读短文为起点，围绕“家庭价值观”设计写作内容，基于现实，贴近学生，充分发挥学生的个性特点，并将情感因素渗透其中，让学生在完成书面交际任务的同时，考查其语言应用能力。

学生阅读以“家庭价值观”为话题的短文并与写作内容对接，将短文所阐述的家庭价值观与自己在成长过程中的家庭价值观加以对照，进一步认识人格塑造和良好行为习惯养成的重要性，领悟良好家庭价值观在人生发展中的重要性。家庭价值观是个人对家庭事务所抱有的一种观点、态度和信念，是评价家庭意义与目的、构建理想家庭的标准。它直接或间接地影响学生对家庭生活的认识，以及对“立家庭之风范、建家庭之灵魂”重要性的理解。

在英语“二测”后的写作演练中，运用“独立学习、小组学习、全员学习”的学习范式，我引领学生鉴赏写作范文与习作选文，让他们体会短文概括以及写作要点拓展的技巧，重新感知“读写”的命题实质，体验写作所带来的成就感。演练“写作内容”可以促使学生畅所欲言，讨论家庭价值观，表达自己所受的影响；通过欣赏、润色和重写，学生进一步体验写作过程，在感悟人文情怀的过程中提高思想认识，完善对“家庭价值观”的再认识和定位，做到正确评价家庭价值观，这样才能够真正发挥试题的育人价值。

(一)目标在备考构思中定位

读写任务“家庭价值观”话题写作的评议案例

——2015年广州市英语“二测”读写任务课堂评议

课题：读写任务“家庭价值观”话题拓展及其微技能写作演练

授课班级：增城区荔城中学高三(10)班

授课时间：2015年4月29日

1. 教学内容

读写任务是2007年至2015年，广东省高考英语测试学生应用阅读和写作技能、考查写作能力的题型。命题旨在考查学生综合应用语言的能力，包括用英语获取信息、处理信息、传达信息的能力；通过分析问题、解决问题，用英语思维进行写作的能力。

阅读短文，将短文概括成文章的首段，根据写作要点写成2～3个语段，组成一篇约150词的新短文。这是一种“以读促写、多读少写、少读多写”的读写技能相结合的考查题型。学生将200多词的短文概括成约30词的语段，这需要“多读少写”的语言加工能力；根据三个写作要点写成约120词的语段，这需要“少读多写”的拓展话题进行语言表述的能力；再加上使“概括段”与“要点段”同阅读短文的话题相契合的衔接能力，使叙述与描写中的事件前后相呼应、自成一体的逻辑思维能力，这样才能写成一篇结构完整、上下文逻辑一致的英语短文。

综观2007年至2015年广东省高考英语读写任务命题可以发现，写作要点一般设置为三个，围绕“叙述经历、读后感受、方法措施、表明观点、分析原因、愿望、影响、感激”八方面命题。各个要点之间具有内在的顺序层次和逻辑关系，每个要点写成主题句，形成一个自然段，段与段自然衔接。

新短文的基本结构：概括段，主题句①＋支撑句，主题句②＋支撑句，主题句③＋支撑句，结论句。主题句是段落的核心，也是点睛之句，对构建精彩的短文起着重要的作用。

2015 年广州市英语“二测”读写任务要求学生阅读以一篇“家庭价值观”为主题的英语短文，先概括 206 词的短文内容，然后就“家庭价值观”话题展开写作。

本节课主要依据读写任务的考查目标和考试评分要求，针对试卷所反映出的具体问题设计“词句理解、段落分析、词句转化、概括及写作”等内容进行逐项演练，让学生在对范文的鉴赏，对选文的评议、润色、修改等过程中，体验“家庭价值观”在阅读和写作中是如何概括和表达的；在领悟如何用词组句、锤炼语言、形成读写微技能的基础上，让阅读短文和范文的“家庭价值观”与学生的思想碰撞，使其产生共鸣，评价和写出“家庭价值观”的内涵，进而体现“热爱家庭、拥抱人生、美化人生”的命题主旨。

2. 教学目标

(1)知识与技能

第一，通过重新阅读短文，学生在准确理解词句，把握中心大意，厘清篇章结构的基础上，找出主题句，确定关键词；在层层演练词句及其多种表达方式的过程中，通过鉴赏、评议、润色和修改相关范文和选文，继续写作，提升语言表达水平，重新概括短文，围绕写作内容锤炼语言技能，提高语言表达能力。

第二，三个写作要点可以激发学生的发散性思维，使其针对要点中的关键词语进行一词多义的英语语言表达演练，锤炼写作微技能。

第三，学生通过对范文的鉴赏、选文的评议以及对照自己的试卷等教学活动，提升鉴赏、评议、识别和纠错能力；在模仿语言、遣词造句、运用材料、拓展话题表达的过程中，提高综合运用语言的能力，加深对篇章结构中语言衔接和用词组句等表达方式的重新认识。

(2)情感、态度与价值观

第一，通过阅读与“家庭价值观”有关的短文，我引领学生展开概括和话题写作，充分理解和感悟家庭价值观在人格塑造、良好行为养成、良好习惯培养方面的重要作用。

第二，在教学过程中，我引领学生采用“独立学习、小组学习、全员学习”的学习范式，围绕写作进行评议，让学生在鉴赏、润色、纠正、重写中重新体验写作，掌握概括技巧、写作微技能，亲身体验和感知“读写”的本质，感受写作表达所带来的快乐和成就感。

第三，在重新演练中，贴近学生家庭生活的写作内容能够激发学生的情趣，使其畅所欲言，讨论家庭价值观，表达家庭价值观对自己的影响；还能够更好地在写作中渗透人文情怀，使学生获得自然醒悟和自我教育，在写作中体验成就感，重构人生观、价值观和未来观。

3. 教学重点与难点

(1)重点

我让学生认真阅读短文，通过对范文、选文的评议，引领学生在自我纠正中提升思辨能力，在强化概括中提升整合能力，在要点表达中提高转述能力，在内容要点拓展中提高词句结构的构建能力，从而提高读写微技能。

(2)难点

概括技能的掌握、写作要点的拓展，以及人文思想的培养。

4. 教学对象及学情分析

(1)考情

高三(10)班共有学生57人，因自主招生参加本次广州市英语“二测”的有48人，学生对考试的重视程度不够。本次广州市英语“二测”读写任务的难度系数为0.56。全班最高分19分的有2人，低分0～7分的有6人，平均分为13.98分，低于增城区平均分(14.36分)和广州市平均分(14.10分)。

(2)生情

自从接手高三英语教学工作以来，我发现本班学生的学习热情普遍高涨，但语言基础知识及读写表达能力薄弱。这突出表现在，在本次读写任务测试中，一多半的学生读不懂短文，读不懂其中的长难句，导致概括与要点写作得分较低；然而也有不少亮点，比如，学生的语言思维能力和语篇构思能力尚好。

(3)教情

针对生情，本节课我在深入挖掘学生答卷中语言表达闪光点的基础上，分析普遍存在的、具有代表性的问题，从读写概括和要点拓展的基本原则出发，从阅读短文、理解词句、转换表达、拓展话题以及语言思维的运用与能力培养方面入手，设计课堂教学内容和语言活动，选择范文和选文内容，引领学生感悟读写任务中语言微技能的特点，从中获得概括技能、写作技能、写作内容要点拓展技能，同时升华话题的思想内涵，并在其中融入人文情怀。

5. 教学理论支撑

第一，读写任务考查英语语言的综合应用能力，要求学生通过阅读概括和写作内容的表达来完成语言交际性任务。该题型的选材贴近考生的现实生活，命题照顾到考生的个性特点，并渗透着情感因素。

第二，写作教学需以审题，明确写作要求，弄清文体、时态、人称和写作要点而开展课堂教学活动。我引领学生阅读短文，先找准主题段、主题句和关键词，从中提取有效元素，采用恰当的句式和词语概括，然后按照写作要点，确定写作要素，如命题中的“感受、启示、理由、愿望、影响、感激”等，从中选用合适的语句表达，以“词→句→篇”为一体构建语篇，使学生进行句式多样化的写作练习。

第三，备考中我侧重培养学生审题、抓要点、谋篇布局的能力，使学生关注复杂语句结构的运用，循环复习常考话题词汇，积累好词佳句，涉猎各类文体、题材，关注社会热点。

6. 教学策略

本节读写任务的演练课分为课前、课中、课后三部分。课前，我要求学生重新阅读短文，完成相关任务，加深对短文内容的理解。课中，我引领学生层层概括，逐项写出内容要点，并进行鉴赏、纠错、继写等教学过程，以强化写作微技能的训练与培养。课后，学生巩固训练成果，围绕以“家庭”为话题的短文，完成另一个读写任务；再阅读以“母亲鼓励孩子亲自实践”为主题的寓言短文，完成写作。

7. 教学过程

教学环节	用时	活动方式	活动内容及目标
Step 1：Lead-in Task 1：Reread through the passage. Task 2：Practice the key words and translate the sentences before class.	3 mins	独立学习＋小组学习	教师让学生课前重读短文，进行词意匹配和佳句对译等活动，旨在强化学生对词句的正确理解和掌握，为概括和写作作铺垫
Step 2：Fast reading and summary Task 3：Discuss. Task 4：Find the key sentence of each of the four paragraphs，select key words or phrases for summary and then do research on the summary.	5 mins	全员学习：参与活动＋呈现作品	教师引领学生快速查找每段的主题句，确定关键词，转换表达方式，对照范文，评议选文，鼓励学生运用多种词句概括
Step 3：Analysing three writing points Task 5：Try to think about the key words，phrases and sentence patterns for expressing the first，second，and third points based on the Chinese problems. Task 6：Do self-assessment and summary.	15 mins	小组学习：参与活动＋自评与总结	教师引领学生根据写作内容，针对要点中的关键词，激活发散性思维，运用多种词句写作；针对范文和选文，进行赏析、润色、纠错和重写，鼓励学生采用更多种类的词句拓展写作，从而展开写作评议
Step 4：Polishing Task 7：Listen to a better version of writing，then enjoy，correct and polish it based on the summary and writing rules.	10 mins	全员学习：展示＋讨论与总结	教师引领学生阅读选文，评议并纠错；分析和评议用词组句、篇章衔接和语言逻辑表达方面较好的选文，感悟读写任务的真谛

续表

教学环节	用时	活动方式	活动内容及目标
Step 5: Consolidation and improvement Task 8: Write a description of the family value you have talked about, referring to the given information.	5 mins	小组学习：讨论+独立学习	教师鼓励学生灵活运用基础知识，把握写作表达技巧，提高英语的综合运用能力
Step 6: Summary and homework	2 mins	全员学习：全班活动	学以致用，巩固微技能，提升学生的概括能力与写作能力

(二)"家庭价值观"在导学课堂中评议

本节课运用任务型教学法。课前，学生在独立学习中重读短文完成任务，在小组学习中互助互学，合作解答疑难；课中，学生通过独立学习、小组学习和全员学习，突破重点和难点，重新概括并进行要点写作，对照范文，评议选文；课后，学生完成另一个读写任务，强化读写技能，巩固写作微技能，以此有效备考，冲刺高考。

1. 课前

任务1：重读短文，强化理解。重新阅读"读写任务"短文，力求理解短文的主要内容。

阅读下面的短文，然后按照要求写一篇150词左右的英语短文。

Family values are principles that help to define us as human beings. These values are learned, usually passed down from generation to generation, but can also change over time, depending upon the circumstances in which families find themselves. They shape the way we behave; they help families stick together; and they give us our identity.

We always admire a person who treats the elderly with respect, or helps people in need, or is always honest with others. Such admirable behaviour is usually a direct result of the values that person was taught by his family.

These values or principles—respect, fairness and honesty among many others—also help hold the family together in times of trouble. When problems arise, the family is able to withstand them because they share the same idea about what is important. When family members have pressure from the outside world, they know they can come to their family for a comfort.

Finally, family values make us who we are. When we talk about our personal character and what influences our decisions, we do so based on the values given to us by our family.

【写作内容】

1. 以约 30 词概括上文的主要内容。

2. 以约 120 词就"家庭价值观"谈谈你的看法，内容包括：

(1)你认为家庭价值观重要吗？为什么？

(2)你们家的价值观是什么？

(3)请以你个人的经历说明你们家的价值观对你的影响。

任务 2：整合词语，重构段落。根据所读短文，按照要求完成相关任务。

词意匹配：请把下列英语翻译成汉语，然后给出同义表达，并完成语篇填空。

英语(阅读原文)	汉语(任务)	同义表达(拓展)	语篇填空
family values, family principles	家庭价值观	family rules	Family values are traditional or cultural values that refer to the family's structure, function, roles, beliefs, attitudes, and ideal, passed down from previous generations.
pass down from generation to generation	代代相传	hand down from one generation to another	
stick together, hold together	团结一致，互相支持	unite	We Chinese people can stick together, and unite against setback.

续表

英语(阅读原文)	汉语(任务)	同义表达(拓展)	语篇填空
admirable behaviour	令人钦佩的行为	excellent behaviour, behave well	If children behave well in childhood, naturally teenagers will conduct admirable behavior in public.
respect	尊重	respectable, respectful	Students should respect teachers. Thus teachers are respectable; students are respectful.
fairness	公平	fair	Our teacher is known for her fairness in grading pupils. I trust you to be fair.
honesty	诚信	honest, honestly	He learned honesty from his mother. He is an honest boy.

【设计说明】这项任务旨在培养学生对词语的正确理解及灵活运用，使其感悟词语在句中的多种用法，学会活用词语，为概括作铺垫。

任务 3：佳句对译。请将下列句子进行英汉互译，注意词句表达的特点。

①Family values are principles that help to define us as human beings.

②它们(家庭价值观)塑造了我们的行为方式，帮助家人团结，赋予我们个性特点。

③We always admire a person who treats the elderly with respect, or helps people in need, or is always honest with others.

④Finally, family values make us who we are.

⑤我们谈论自己的人格以及影响我们决策的因素时，是以家庭赋予我们的价值观为基础的。

【设计说明】这项任务旨在检验学生对重点疑难句理解的程度，使学生认识英汉词句的结构差异，从中学会遵循英汉语言各自的表达规律与结构特点。

【参考答案】

①家庭价值观定义了我们作为人类应遵守的法则。

②They (The family values) shape the way we behave; they help families stick together; and they give us our identity.

③我们一向敬佩尊敬老人的人、乐于助人的人、诚实待人的人。

④最终，家庭价值观使我们成为我们自己。

⑤When we talk about our personal character and what influences our decisions, we do so based on the values given to us by our family.

2. 课中

任务 4：分析短文，概括短文。

(1)话题讨论

①What do you think a family refers to?

②What holds your family together generally speaking?

③What plays an important role in your family?

(2)概要讨论

阅读短文，分析文章主要讲了几方面的内容，应该围绕哪些方面进行概括。

【指导说明】概要要求从两方面概括，在概要中有条理地整合以下两个要点：

①什么是家庭价值观?

②家庭价值观在家庭凝聚力和个人品质的形成中扮演着怎样的角色?

(3)概括方法

分析短文结构，划分段落并找出主题句，提取关键词并概括。

第一步，通读全文，领略大意。

第二步，总结每段的大意。

第三步，根据段落大意及作者表达的侧重点，归纳短文大意。

①定文体：说明文；定时态：一般现在时、一般过去时；定人称：

第三人称。

②找主题：阅读短文，分析段落，找出主题句，确定关键词，用近义词加以替换、拓展。

③定技巧：按段落大意重组语句，构成概括段。

任务5：词语填空，概括演练。

阅读短文，分析结构，整合段意，找出段落主题句和其中的关键词；根据句意，对照表格，填空完成句意改写，然后鉴赏、润色、纠错、概括，最后对照原文修改，重新概括，提升读写能力。

首先分析文章的段落大意，找出主题句、关键词，对照表格填写所缺词语，完成词句练习。

段落	Para. 1	Para. 2	Para. 3	Para. 4
主题句	Family values are principles that help to define us as human beings … They shape the way we behave; they help families stick together; and they give us our identity.(结论句)	… treats the elderly with respect, or helps people in need, or is always honest with others. Such admirable behavior …	These values or principle … also help hold the family together in times of trouble.	Finally, family values make us who we are.
关键词	family values, define us as human beings	admirable behaviour	The values hold the family together in times of trouble.	make us who we are
词语拓展	shape … behave, help us behave well, stick together, unite	have well-conduct behavior	Family values help the family stick together when facing difficulties.	character, personality, identity

续表

段落	Para. 1	Para. 2	Para. 3	Para. 4
句意改写	Family values help make a well-behaved and united famly.	Family values help us behave well.	Family values also help the family stick together when they are in trouble.	Family values shape our own characters.
总结	① What family values are and their influences. ② The definition and importance of family values. ③ The definition and influence of family values.	① Family values help us behave well. ② Family values make us have well-conduct behavior.	① Family values help hold family together when facing difficulties. ② Family values help family unite against hardship. ③ Family values help family stick together against setback.	① Family values shape our own characters. ② Family values make our own personality. ③ Family values create our identity.

总结：文章介绍了什么是家庭价值观，说明家庭价值观在家庭凝聚力和个人品质的形成中扮演着重要的角色。

【设计说明】这项任务重点在于引领学生如何阅读文章，从中提取关键信息，运用多种词语概括，锤炼语言知识的应用和表达能力。

任务6：表达要点，拓展词语，评议选文，继续写作。

(1)你认为家庭价值观重要吗？为什么？(阐述观点)

【指导说明】首先提炼写作要点中的关键词，用多种形式的英语进行表达训练，然后根据“主题句+支撑句”的写作模式，对范文和选文的语言进行鉴赏、对比、评议和纠错，最后对照原文修改，并继续写作，巩固写作微技能。

功能词语	词语拓展
认为	in my opinion; from my point of view; as far as I am concerned; I think; I hold the view (belief) that
家庭价值观	family values; family principles; family rules
重要	important (importance); significant (significance); benefit (beneficial); necessary (necessity); vital; helpful
为什么	the reasons why I think so are as follows; for one thing…for another; as a result; it is +*adj.* for sb. to do sth.

【范文鉴赏】Family values are what we live by, always directing what we do and what decisions we make. A child is born into a family and becomes part of the society later. There have to be certain principles in place to determine one's behavior and ensure a harmonious society.

【选文①】As far as I am concerned, I think family values or principles play an important part in our life. * Due to the family value is different family have different value or principle, so it have different influence for themselves. The family values can teach us what we should do or what we shouldn't do and help us solve problems.【刘沛珍，2分(概括满分5，下同)+16分(正文满分20，下同)，带*号的句子为语法错误的句子，下同】

【润色①】As far as I am concerned, family values…life. Due to *the fact that different families have different values or principles*, family values have different influences on each family. The family values…solve problems.

【选文②】From my perspective, family values are necessary to a family. * They can not only make us behave well, but also help us form some precious qualities, such as honesty, warm-hearted, good temper and so on.【陈文玉，2分+15分】

【润色②】From my perspective, family values are necessary to a family. … such as *being honest*, *warm-heartedness*, good temper and so on.

【独立写作】______

【小组展评】______

【全员评议】______

(2)你们家的价值观是什么?

【指导说明】首先重新阅读短文中有关“价值观”的内容,从中找出相关的价值观填入表格,然后拓展相应的价值观,根据“主题句+支撑句”的写作模式,对范文和选文进行鉴赏、对比、评议和纠错,最后围绕“讲述自己的家庭价值观”展开写作。

家庭价值观	短文中对“价值观”的描写	与“家庭价值观”有关的词语拓展
my family values	a. treats the elderly with respect, or helps people in need, or is always honest with others b. respect, fairness, honesty	loyalty/loyal, industry/industrious, trust/trusty, hard-working, faith/faithful, kindness/kind, labor/laborious

【范文鉴赏】My family values were primarily shaped by my mother. * As a child, she always reminded me to be punctual and to work harder. But her greatest gift was teaching me the importance of honesty. She taught me that mistakes in life were unavoidable, but I should never sacrifice my honesty to cover for my mistakes.

【范文润色】范文有错误。… As a child, she always reminded me to be punctual and to work harder. 润色为:As/When I was a child, she always reminded me… harder. 句中的 she 是指 my mother,从 as a child 来看,child 应该是指代 I 并非 my mother。

【选文①】* Our family values are various that families should respect and honest with each other and we should help each other when in trouble. * What's more, families should be always keep a optimistic attitude towards life.【姚嘉欣，3 分+14 分】

【润色①】Our family values are *so* various that my family members *always* respect and *are* honest *to* each other. We help each other when in trouble. What's more, *the members are* always *keeping an* optimistic attitude towards life.

【选文②】* As for my family, they always ask me to be an honest and grateful man as well as show respect to others. What's more, they also admire people who always lend a hand to others in need.

【润色②】As for my family, they always ask me to be an honest and grateful man as well as show respect *to* others. What's more, my family also admire people who always lend a hand to others in need.

【独立写作】________________

【小组展评】________________

【全员评议】________________

(3)请以你个人的经历说明你们家的价值观对你的影响。

【指导说明】首先针对写作要点寻找最佳句式表达，然后根据"主题句+支撑句"的写作模式，对范文和选文的语言进行鉴赏、对比、评议和纠错，最后采取"叙述+结论"的方式进行写作。

经历	What impressed me most is that… From this experience, I benefit a lot and realize that…
影响	affect/influence sb. /sth. greatly=have a great effect/influence on have a positive/favorable/beneficial impact on
时态	叙述经历以过去时态为主

【范文鉴赏】Honesty has been with me ever since. In my daily life, I'm always willing to admit to errors and never pretend to be all-knowing. That's why many friends come to me for help. They know I'll be straight-forward and tell them the truth, not only the things they want to hear. As my mother said, "When we're honest, we earn others' trust and society's credit."

【选文】Under our family values, I benefit a lot. Once I failed the exam and I felt very sad. When I returned home my parents didn't blame me, but comforted me and adviced me to be optimistic. * They told me that tomorrow will be better, and then I refreshed and insisted on working hard with a optimistic attitude. Finally, I succeed. A good family value is important for everyone.【姚嘉欣，3 分＋14 分】

【润色】Under our family values, …I felt very sad. When…comforted me and *advised* me to be optimistic. They told me…and then I *refreshed myself* and … with *an* optimistic attitude. Finally, I *succeeded*. *Obviously*, a good family value is important for everyone.

【独立写作】______

【小组展评】______

【全员评议】______

任务 7：阅读选文，欣赏与评议。

阅读下列读写任务试卷中的选文佳作，运用概括和要点表达等程序分析、评议和润色该作品，并重新评分。

* Family values is of great importance for us to behave politely, hold the families together when in difficulties, create our good quality. * It will change when families pass down from generation to generation.

* I firmly support the view about the author say. Family values play an important part in our life. * It will make an influence on us deeply. What we do and how we do is based on our family values. * It teaches us how to be a person and behave politely. So family values are very vital for us.

Different family values vary from family to family. But they are effective and useful to family members. My family value is honesty.

* Every members in our home should be honest. We are not allowed to tell a lie. Because it is cheated behavior. When I was a child, I was taught to be honest. Up to now, I still obey the value. * My parents explained to me, honesty is a important factors in society and also important to make friends. * No matter who you come across, you are supposed to honest and sincere to get along with him.

* I am now have many friends thanks to my family value, it made me learned how to honest to make friends never tell lies to them. * So my friends are believe me and willing to make friends with me. They regarded me a reliable friend as a loyal guard. * My family value encourage me to form a habit of never tell a lie.

【选文作者介绍】江欣欣在广州市英语“二测”中全卷得分114.5分，加上高考听说成绩12分(听说满分为15分)，她的总得分为126.5分。她的“二测”完形填空26分(满分30分)，阅读48(满分50分)，基础写作13(满分15分)，读写任务17分(满分25分)，其中概括得2分(满分5分)，正文得15分(满分20分)。

【首段润色】Family values *are* of great importance for us to behave politely, hold the families together when in *difficulty*, *and* create our good quality. *They* will change when families pass down from generation to generation.

【首段评议】首段作为概括段涵盖了阅读原文的主要内容，句子结构合理，但语法错误较多，评分严格，只给2分，其实可以获得更高分。

【正文要点①润色】I firmly support the view about *what* the author *says*. Family values play an important part in our life. *They* will *have* an influence on us deeply. What we do and how we do is based on our family values. *They teach* us how to be a person and behave politely. So family values are very vital for us.

【正文要点①评议】第二段作为正文要点①，第一句承上启下，表明选文作者认同阅读短文作者的观点，紧接着第二句表达第一个写作要点。从中不难看出，句子的基本结构框架清晰，写作要点表达完整，句意清楚，但词汇和语法错误较多。

【正文要点②润色】Different family values vary from family to family. But they are effective and useful to family members. My family value is honesty. Every *member* in *my family* is honest. We are not allowed to tell a lie，*because* it is a cheated behavior. When I was a child，I was taught to be honest. Up to now，I still obey the value. My parents explained to me，honesty is *an* important *factor* in society and *it's* also important to make friends. No matter who you come across，you are supposed to *be* honest and sincere to get along with him.

【正文要点②评议】第三段作为正文要点②，写作要点表达完整、清晰，句子衔接流畅，但主要问题仍是词汇和语法错误。

【正文要点③润色】I now *have* many friends thanks to my family *values*, *which make* me *learn* how to *be* honest to make friends *and* never tell lies to them. So my friends *believe* me and *are* willing to make friends with me. They *regard* me *as* reliable a friend as a loyal guard. My family *values* encourage me to form a habit of never *telling* a lie.

【正文要点③评议】选文作者的思路一直都很清晰，能够紧扣写作要点来表达主要内容，在结束段中还能照应主题。

【润色自己的习作】______________________________

【小组互评】__________________________________

【全员润色】__________________________________

3. 课后

任务8：回炉练习，巩固技能。

阅读下面短文，然后按要求写一篇150词左右的英语短文。

One day，a mother horse told her son，“My child，will you happily go and carry this bag of wheat to the mill to grind it into flour?”The little horse agreed without hesitation, and ran out of the house with a bag of wheat on his back.

After quite a long journey, the little horse came to a river, which blocked his path to the mill. He suddenly got confused. Looking around, he saw a cow. So he asked the cow, "Auntie Cow, can you tell me whether I can cross the river?"The cow answered, "Definitely you can. The water is very shallow. "When the little horse was about to cross the river, a squirrel shouted to him, "Little horse, don't cross the river. You will drown. "The little horse didn't know what to do, so he decided to go back to ask his mother.

After he told his mother everything that happened on his way, his mother said, "My child, it's not enough to only listen to others; you have to give it a try by yourself, and then you'll know the answer. "

With those words, he walked carefully across the river. The water was neither shallow nor deep. It was just fine for him. Finally, the little horse crossed the river and completed his task.

【写作内容】

1. 以约 30 词概括上文的主要内容。

2. 以约 120 词就"亲身实践"谈谈你的看法，内容包括：

(1)你读完这个故事后的感受；

(2)讲述一次你通过亲身实践学会一项技能的经历；

(3)你从这次经历中体会到的"亲身实践"的重要性。

【参考范文】

A little horse, with his mother's encouragement, tried to cross the river himself and found it was neither as shallow as the cow had told him nor as deep as the squirrel had described.

The story gives me a deep and lasting impression when reading it. It tells us that we should not fear the things we cannot predict. We should courageously challenge ourselves and accumulate life experience little by little.

I'd always wanted to go skating, but I doubted whether I could make it because some of my friends said it was very easy while others found it quite difficult. Fortunately, my elder brother encouraged me to give it a shot, so I did. During the practice, I found it hard to balance my body. I sought advice from experienced skaters and kept practicing. It was because of the constant attempts I had made that I gradually got the hang of the skills of skating and was capable of balancing my body.

From this experience, I am convinced that genuine knowledge comes from real practice. Only when we experience everything on our own can we gain true knowledge for our life.

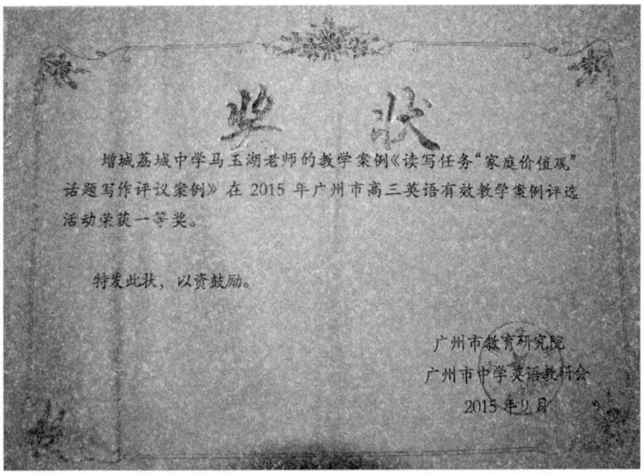

奖状

增城荔城中学马玉湖老师的教学案例《读写任务"家庭价值观"话题写作评议案例》在2015年广州市高三英语有效教学案例评选活动荣获一等奖。

特发此状，以资鼓励。

广州市教育研究院
广州市中学英语教研会
2015年2月

《读写任务"家庭价值观"话题写作评议案例》获奖证书

(三)教学效果在过程描述中反思

1. 效果描述

第一，针对现状，设计教学。广州市英语"二测"试卷评讲是高考冲刺阶段的重要备考环节，对于引领高考备考十分重要；对优生增强必胜的信念、基础生重拾信心全力冲刺，至关重要。本节课的教学为了兼顾各类学生，采取了“重新阅读短文，检测词句理解，把握中心大意，分析篇章结构，找出主题句，确定关键词，层层演练词句，概述段意”的方式。我在引领学生鉴赏范文、评议选文、修改润色、对照继写要点等教学过程中，始终围绕“词→句→篇”进行全面训练，让学生在把握读写任务的答题环节和微技能的运用中，锤炼语言技能，从而提升语言表达水平。

第二，立足基础，激发思维。我引领学生重新阅读短文，启发学生概括；依据写作三要点，激发学生的发散性思维；基于要点中的功能词进行一词多义和句型的应用演练，锤炼学生的语言基本功和应用能力。在反馈中，学生普遍感到有话可说，有词可写，思维趋于流畅，顿时觉得概括和要点写作容易了许多。

第三，运用范例，启发心智。在教学中，通过对范文、选文、试卷等进行鉴赏、评议、识别和纠错，学生模仿语言，遣词造句，拓展话题，运用语言材料，提升综合运用语言的能力，对篇章结构中语言的衔接语和用词组句等表达方式有了进一步的认识，加深了知识与写作技能的融会。

第四，增强信念，树立信心。在系统演练广州市英语“二测”读写任务的课堂活动中，学生热情高、期望值高，认识到考试成绩不理想，是因为写作中只求套路，段落主题句之间没有逻辑性，“家庭价值观”与“经历”中的“影响”脱节，内容不一致。但通过课堂微技能训练，多数学生认为只要备考得法，读写任务就会有章可循。重写和评分增强了学生写作的信心和有效备考的期望值。

2. 备考反思

学生对即将来临的高考抱有热切的期待，从广州市英语“一测”到“二测”，学生的备考热情越来越高涨。他们认识到写作技能的重要性，自觉加大写作备考的力度。通过试题训练，学生基本掌握了一定的写作技巧，对写作程序和要求有了充分的认识。但因学生的理性思维比较发达而感性认知比较薄弱，他们悟性虽高，但对语言的认知总是停留在表层理解上，关注的只是语言知识的运用，如词汇应用、句型选择和语法知识的正确性等方面。

事实上，不少学生已经具备一定的谋篇布局能力，如写作要点的整合和详略的布局等；也有一部分学生还不清楚段落的构成特点，文段写作没有明确的主题句，即使有主题句也没有主题句的特征，要么内容空洞，没有概括性，要么啰唆冗长，不够简练，不起作用；还有一部分学生主体意识不够强，不会突出关键词。这些极大地影响了作文的质量与得分。

在高考备考中，帮助学生学会提炼主题句，练好“主题句＋支撑句”的微技能写作方法，掌握衔接语的应用，练好基本功，重要且关键。

第三章

教法新生

一、文本练读法在导学演示中铸就

语言基础知识的熟练掌握和技能的培养，在中学阶段一般是在读文本以巩固语言知识、形成语言技能的过程中来完成的。学生是否能够顺利地、成功地从阅读教材文本走向阅读英语书刊、资料和文献，主要取决于其认识能力，即记忆、判断、推理等思维能力的培养和延伸。看一眼就能概览文章的全貌，产生总体印象；这如同看人，先观其容，产生直观印象。如果我们觉得这个人值得交际、赏识，就可以努力向"始于颜值，敬于才华，终于人品"的方向发展。看一篇文章更是如此，先观全文，若是佳作美文，就需要基于阅读的目的，或逐词、逐句、逐段细读，或浏览主旨大意，获取必要的信息。但要准确、高效速读一篇文章，首先要捕捉有效的意群，这是达到有效阅读目的的关键所在。

无论阅读还是朗读，首要的法则就是按意群进行。意群指在英语朗读或口语中形成节奏、产生语义群的部分。拼对词、发准音、读出声，是学习外语最基本的技能和要求；同时，这些要建立在所读句子的意群之上，才会有意义。朗读或口语中的每一句话要分割成多个意群，意群之间有停顿、连读、省略，核心词要占用最多的时间，而其他词为弱读，一带而过，这是张口练习说和有效阅读英语的前奏。广东省高考英语的"模仿朗读"题型就是检测考生的模仿朗读能力的，它充分体现了对朗读的检测意义。阅读，依据意群，迅速整合词意、句意和段意，就可以捕捉全文的旨要和内容。那么，如何在英语教学中培养学生捕捉意群进行有效阅读的能力呢？

(一)意群锤炼法概述

我们读文章、读对话，需要获得的是完整的信息，而不是支离破碎的片段。遇到一个长难句，要根据含有不同意义的若干个短语，基于意思和结构划分出各个语意成分，形成一个个意群去理解，因为意群中词与词之间的关系是密不可分的。一般长难句包含各种复杂句型，复杂句型又由多个从句组成，从句与从句之间的关系还可能包含、嵌套，也可能并列、平行。因此，读文章须按意群，说话须按意群，否则就会引起歧义。

一提起按意群阅读，学生就会抓耳挠腮，有的把笔放在词句下面点词移动阅读，有的逐词指读。如果按照上面的阅读要求和目标，不掌握意群的基本规则而读，学生很难有效学习英语。在教学中，我引导学生层层划分意群，让学生根据不同的目的进行有效阅读。而一提起意群，什么是意群，如何确定意群，学生往往只有模糊的概念。为此，我在高中英语教学中运用教材文本，选取易于学生接受的方法，在采用意群递进划分法进行逐层练习的过程中，带动学生其他语言技能的发展。

例如，在高中英语必修一文本阅读中，以任务型教学组织课堂，进行意群递进划分法练习，效果比较理想。

任务 1：请阅读“Unit 2 The Road to Modern English”，按意群试读本文，然后核对你按意群阅读的效果。

【阅读文本】Later in the next century, people from England made voyages to conquer other parts of the world and because of that, English began to be spoken in many other countries.

【分析】该句共有 30 个单词。多数学生在阅读中是一目一词地看单词，他们读了 30 次才得以完成。看完后，我问学生该句在讲什么，他们急忙又把眼睛投向句子。这样，他们不但花费过多的时间，难以加快读速，而且没有理解句子的含义。

任务 2：请按词意和句子成分，把该句划分为相关的意群，再进行阅读。

学生把该句按句子成分划分为八组，一目一组，分八次读完。首先，学生独立划分意群后小组讨论，但在全员展示中没有意群划分完全正确的小组。在全员学习中，我引领学生按照句中每组能成为一个独立的信息单位来划分意群并加以解释时，学生才释怀。接着，学生按意群试读句子，不仅读速在提高，而且每读一组，大脑兴奋一次。最后，学生将八种信息串为一体，形成一个统一的、完整的信息单位，并能立刻理解句意。

Later in the next century，/people from England/made voyages/to conquer other parts of the world/and because of that，/English/began to be spoken/in many other countries.

【分析】意群的整体越大，就越容易识别和记忆。文章的表达方式和语法结构形式把所读内容分成若干个意群。意群可以从词、短语扩大到简单句、并列分句甚至复合句，一个文段也可以作为意群来阅读。这样，学生可以在整合词意、句意和段意的基础上，解构文章，获得信息，以此整合全文的中心大意或主要内容。

任务3：继续划分意群，按句子结构划分意群，并大声朗读出来。

Later in the next century，people from England made voyages to conquer other parts of the world/and because of that，English began to be spoken in many other countries.

【分析】我让学生继续按句子结构划分意群。起初，学生似乎很为难，因为已经按句子成分划分了意群，觉得不能再划分了，面面相觑。最终，在我的引领下，以并列连词 and 为分割线把这一并列句划分为两个简单句，作为两个意群；接着，学生先默读再朗读，在连词 and 前稍做停顿；最后，我运用轻重读、升降调带领学生朗读，体会意群划分的意义和内涵，学生会心地笑了。

把这一个并列句分成两个简单句作为意群阅读，对阅读极为有利。要想按意群阅读文章，就必须学会如何划分意群。划分意群不仅取决于语法、语义和语境，而且也与读者的语感有关。阅读时，需要在实践中掌握规律。

为此，我将整篇文本的意群划分任务分配给各小组，让他们先按句子成分划分为小意群；接着按简单句、并列句和主从复合句等划分成大意群；先默读后朗读，体验意群划分的意义与内涵。学生在全面感知意群的基础上，加深对划分意群的理解，掌握划分意群的基本方法，体会划分意群的意义。

第一，成分意群法。按句子成分、主从句、插入语等进行意群划分。

①主谓结构：English now is spoken everywhere.

②动宾结构：India has a very large number of fluent English speakers.

③系表结构：English became the language for government and education.

④宾补结构：He thinks English both old and young.

⑤从句：For example，India has a very large number of fluent English speakers because Britain ruled India from 1765 to 1947.

⑥短句：Only time will tell.

⑦短语：In fact，China may have the largest number of English learners.

培养学生按意群读文本的技能，可以让学生读准单词，在跳出逐字逐词停顿式的阅读方式的基础上，按词法和句法概念，在语句中快速分辨主语、谓语、宾语、同位语、定语、状语、补语等句子成分。例如，For example，/India/has/a very large number of fluent English speakers/because/Britain/ruled/India/from 1765 to 1947. 这样可以使学生活学活用句法知识来解读具体的学习内容，学以致用；还能使学生拓宽视野，在捕捉词语信息的基础上，把部分整合为整体，在把握句子要点信息的基础上，整合句子，关联意群，形成连贯的语义，从中掌握语句的重点部分，从而理解和领会文本含义。

学生按句子成分、词句结构和语境迅速捕捉意群，根据意群有节奏地出声读，练熟语句，大脑自然会关联意群，从词意理解过渡到句意整合，使眼力和心力交织，语感就能自然生成。意群使学生更容易理解语句，形成一个个词块，在语意中提炼，在结构中融会，以此储备词汇和词块，发展语言思维能力。

第二，句子意群法。根据句子结构，把文本中包含的简单句、并列句、主从复合句以及连贯意义的语意群整体划分为意群。例如，For example，/India has a very large number of fluent English speakers/because Britain ruled India/from 1765 to 1947.

在按句子成分划分意群的基础上，学生根据句子结构进行更大意群结构的划分演练。我引导学生按意群阅读，扩大视幅，整合句子要点，了解词句、语段内容，从中强化"主句＋从句"意群结构式阅读的练习。

第三，主题意群法。针对文章，寻找主题意群。学生从句子成分、句子结构层面划分意群后，觉得意群划分就这么多。当我要求他们划分主题意群时，茫然声四起。

英语中，相邻的、有一定关系的、表达同类意思的几个词，组合成一个个概念。学生如果看一眼就能快速整合概念，就可以成倍地提高阅读速度。整句、整段、整篇文章，甚至整个类别系统都可以作为意群来阅读。意群的意义越完整，阅读效果就会越好。而要达到如此的水平，需要长期反复操练和巩固，养成高效的阅读习惯。

根据语意、语速的需要，我们读文章自然会产生语音停顿，说话较快时还会产生语音连读现象。掌握意群法则，我们就可以在熟练拼读词语的基础上，或有声朗读，或无声默读，汲取信息，学得知识，增强语用能力。

鉴于此，在教学过程中，教师要让学生懂得：拿起一本书，书是一个意群；看书名，书名是一个意群；翻开目录，目录是一个意群；看章节，章节是一个意群，所以意群可大可小。根据需要，只要是一个完整的语义单位，就可以作为成分意群阅读，作为句子结构意群阅读，作为段落意群阅读。学生只有按阅读的目的决定意群的大小，才能更好地阅读，获得所需要的信息，以满足阅读的需要。

(二)文本练读法导读

法国伟大的启蒙思想家卢梭说："问题不在于教他各种学问，而在于培养他有爱好学问的兴趣，而且在这种兴趣充分增长起来的时候，教他以研究学问的方法。”作家肖复兴指出：“能够热爱读书并能懂得怎样读书，对于一个孩子真是最大的财富。”读书，是人人都要做的事。那么如何读，读什么，为什么读，一直是我们需要搞清楚的问题。

我们阅读，头脑就像一个信息加工处理中心，不断搜索外界输入的信息，把所储存的语音知识、词汇知识、句法知识和语义知识与所输入的信息不断地扫描和交换。一方面，大脑对视觉扫描到的信息从低级阶段到高级阶段进行加工，依次将表音法知识、构词法知识、句法知识和语义学知识进行整合和信息关联，以达到理解。另一方面，信息加工由高级阶段到低级阶段进行，大脑运用已有的背景知识和语言知识，对视觉扫描到的信息立即提出假设。首先经过语义知识进行证实；然后分割，尤其是运用表音法知识、构词法知识和句法知识进行分析；通过这一系列的分析，对所提出的假设，或加以肯定，或加以否定。而每一阶段的知识分析不仅运用更高一级的知识分析，也依赖于低一级的知识分析。

由此可见，阅读活动中的感知、理解与识记均不同于识字，而是一系列复杂的心智活动。阅读中所感知的不仅是一个个单词，而且是一系列连续的字词、句子、段落所组成的篇章。那么，如何一步一步地帮助学生构建系统、科学、完善的阅读基础呢？

1. 默读：感知文本

默读是一种不出声的阅读方式，属于快速阅读的第一阶段。默读一般不需要逐字逐句地细读，而是直接用眼睛扫视文字，先按成分意群、结构意群和主题意群阅读，再逐步扩大视幅，有意识地减少停顿和回视的次数，大脑直映，从而过渡到整体识别整句整行，获得对文字信息的感知，加快视觉识别文字符号的速度。默读时，我要求学生从对文字的感知变为对内容的理解，把逐字逐句地读改为逐行逐段地读，迅速想象、联想、记忆，提高阅读理解的效率；同时要求学生做记号，画段落，标重点，加批注等。默读完毕，我留出时间，让学生准备，通过复述大意、概括中心、解释词语等方式来检验其阅读的效果。否则，默读训练往往就会成为一句空话。

当然，默读的速度是相对的，因人、因文、因阅读目的而不同。我会根据文本的趣味程度、难易程度，引导学生对阅读方式等做出选择，因为这会影响阅读速度。

默读主要是通过视觉来感知、获得和理解信息的一种方式。学生默读，有选择地使用他们内在的声音来强调重要的词语或概念，只是在心里认知和解读所看到的文字及其相关材料，强化所读内容，刺激大脑来帮助记忆。

默读的原则是速度要快，边读边思考，理解文本。默读要求眼到、心到、手到。眼到，是要认清词句，理解内容；心到，是要集中注意力，边读边想，理解词句的意思和内在联系；手到，是要边读边动笔，画出重点词句，标出段落层次，记下不懂的问题，以此提高阅读的效果和效率。

理解、速度、识记是默读要培养的方面。我会让学生根据一定的速度默读一篇文章，要求学生读后能够较好地复述，并评价所读文章。

默读技能的培养，首先从段落开始。我让学生在规定时间内默读一个段落，就某词、某句的意思让学生用英语解释，也可以用中文；然后再由段落默读过渡到主题思想的提炼。

2. 略读：摄取要义

在默读的基础上教师可以培养学生的略读能力。阅读文本时，我让学生睁大眼睛快速扫视标题、副标题、插图以及文字等，迅速在大脑中形成文本轮廓，了解概貌，摄取大意和主旨要义，从而培养略读能力。

略读实际上是指以最快的速度通读和浏览文本，把握文本的基本内容、主要思想等的阅读方式。略读时，如果感到自己已经抓住了文本的主要内容，就略去一些材料而不读。略读有别于一字不漏的普通阅读，可以用于阅读教科书、参考书、课外书和报刊等。

略读原则是用极短的时间迅速掠过整篇文本，了解大意、背景、文体风格、语气等，领略文本大意。

略读可以有以下方法。

第一，略读文本的标题和副标题，然后速读首段、末段，以及每段的首句和末句，略知大意。了解并概括文章的写作意图和主题思想以及结论。多数情况下，略读每段的首句或尾句，就可以捕捉到段落的主题句。

第二，略读无标题文本时，首先通读文本的第一段以及其他段落的第一句，然后扫视其他全段，捕捉关键句，抓住段落大意，获得作者想要表达的主要观点，而不是情节。

第三，扫视每一页，注意力集中于重要的字眼上，如斜体字或粗体字，速读全文，获得完整的第一印象。

略读时需要注意：要将注意力集中在寻找的中心思想而非细节上，不要逐词逐句地读而是只读关键词，如名词、动词等实词和表示句与句之间、段与段之间关系的连接词；对细节可一扫而过，甚至不予理会，也没有必要花时间琢磨难句和生词；重在摄取主要信息，获得“以貌取文”的阅读效果。当然，略读不能完全取代普通阅读和精读。

略读需要重复练习。在指定目标的练习中，教师可以运用下列相关的题目，让学生针对某一问题在文章中寻找答案。

①What is the main idea of the passage?

②The title below that best expresses the idea of the passage is…

③What has been discussed in the passage?

④The author of the passage can be described as…

⑤Where would this passage probably appear?

3. 寻读：获取信息

寻读，也叫找读、查读，是指带着问题去浏览文本，目的是在文本中找出所需要的某项或某些特定信息。寻读要有具体的目标、明确的要求；要尽快扫视所读文本，找到所需信息，仔细阅读相关内容；

根据所需信息的性质集中注意力寻找与其有关的语言点，如寻读人物、地点时就要注意首字母大写的词语，寻读时间、数据时就要注意阿拉伯数字等；一旦寻找到所需信息，达到目的，阅读便可终止，不必读完全文。

浏览与寻读的区别在于：①浏览的目的是为了抓住文本大意，而寻读的目的则是为了获取特定信息。②浏览前，读者对文本完全不了解或了解很少；而寻读前，读者对文本内容已有初步的了解，并且还知道要查找什么，在哪儿查找，以及如何查找。

寻读是为了迅速抓住文本的大意，获取特定信息，如查找某一具体地点、时间、人名、事件、数字等。查找的基本步骤如下。

①先读问题，了解题意，做到心中有数。

②迅速判断该在何处寻找有关内容，正确估计答案的来源。

③用目光扫视全文，捕捉相关信息。

④找到线索后便顺藤摸瓜，有了把握就迅速答题。

4. 研读：领会全文

研读是指学生字斟句酌地阅读文本，边阅读边理解，深入思考所读内容，迅速领会和掌握所读文本的精神实质和内容细节，了解作者的立场、观点、意图。研读时，学生要理解准确、透彻，既要理解表面信息，还要通过分析、比较、联想等思维方法，用已有的知识、经验对所获得的信息加以“内化”，把它们置于自己的知识系统中，消化吸收所读文本。研读不等于慢读，是要按意群阅读的习惯，集中注意力领会文本信息，目的在于读一遍就能理解全部内容，并提高读速。

5. 听读：磨耳练口

学习语言就是要打造出一副灵敏的耳朵，因为学习语言不能仅仅用眼睛来看，更重要的是要用耳朵大量地听。听读是练习英语语音的好方法。听读教材配有的音频或录音，学生可以边听边读，迅速整合词意、句意和段意，以感知、理解并从中获取信息。标准的音频材料可以帮助学生听清词音，分辨词的轻重读音，体会句子的节奏，感知意群的停顿，模仿语音语调；同时，又可以纠正学生的读音，增强其拼读能力。因此，为了练好一口标准、流利、得体的英语，学生需要反复听音频、磨耳朵，模仿语音练口。

听中跟读，读后随听，能够使学生领会一门外语的精髓。反复和持续地听读，能够使学生逐渐习惯并掌握外语的节奏，操练口腔的肌肉，达到会听会说、一举两得的学习效果。

6. 朗读：感知语言

学生能把一篇英语文章朗读出来，那种感觉是别人无法体会到的。学生能把构成文章的每个单词读出声，那是一种喜悦，又是一种能力。即使有的语音一时读不准确、读不地道，但对一位学哑巴英语多年的学生而言，也已经很满足了。然而，只会读词是不能称为语言的，语言是由单词、短语和句子等组成的，组合在一起才能富有意义。

我们一般是在听读操练的基础上，运用口头表达来感知、理解英语文本和获取信息的。朗读能使学生获得从默读中无法获得的效果；朗读能使学生集中注意力于所读文本，把文本内容和语言化为理解与感受，化为思维心理活动，从而揭示语言的本质及其逻辑链条。

在朗读中，学生借助眼看、口念、耳听、心想多种感官，伴随着思考、体验、想象、联想、分析等心理活动，以此锻炼思维能力。经常朗读，嘴皮子练灵活的同时，脑子也更灵活了。

在朗读中，学生可以设身处地、寓情于景，加强形象感受，产生共鸣。研究表明，大量反复的朗读，能让人在不知不觉中进入无我状态，注意力完全集中，意识达到统一，潜意识的回路打开。每天朗读英语，出声地朗读课文，并争取背诵，这样坚持下去，忽然有一天，我们会发现，一条和以前不同的记忆回路打开了，我们的记忆力增强了，语感培养起来了，更容易理解和欣赏阅读文本了。

二、文本练读法在案例实施中诠释

(一)文本是语言、文化、思维的交互体

英语课程目标关注学科育人价值、学生思维发展、学科核心素养，英语教学的重心从综合语言运用能力的培养转向英语学科核心素养的培养。核心素养强调人的思维，强调英语、英语学习与思维之间的关系。英语学习促进学生认知能力的提高，引导学生用另一种认知方式来思维。2015年，中国外语教育高层论坛上，吴一安教授强调："语言和思维有'血脉般'的联系，语言和思维、文化不可分割，是高层次思维的介质，在思维和文化品格上具有育人功能。"由此可见，英语是一种语言技能，是让学生通过听、说、读、写、译以发展英语语言能力，实现英语的学习价值的；通过英语学习，学生将具备能够适应终身发展和社会发展所必需的品格和关键能力，实现英语语言学习的育人价值。只有看到英语作为一种语言的学习价值和作为一门学科的育人价值，才能充分理解英语学科核心素养的内涵，进而更好地学习英语。

2016年，王蔷教授在广州市"立足文本解读，培养核心素养"的讲座中指出，英语教育教学要"关注课程育人价值，关注学生思维发展，关注学科核心素养"；同时她强调，阅读教学要促使"语言、文化、思维的融合"，可见教材中的文本是"语言、文化、思维"的载体。

语言是人类最重要的交际工具，是人类用于沟通交流的各种表达符号，对政治、经济、社会、科技乃至文化本身都有着重要影响。

文化是一个非常广泛的概念。语言有着丰富的文化内涵。确切地说，文化是人类普遍认可的进行交流的一种能够传承的意识形态。

思维是人脑进行逻辑推导的属性、能力和过程。人脑借助于语言对客观事物做出概括和间接的反映，再以感知为基础超越感知来探索与发现事物的本质联系与规律性，就此产生思维。思维要通过媒介间接地

聆听王蔷教授讲座后留影

反映事物，用已知和经验推测未知来认识事物。思维具有概括性，这在于它对某类事物非本质属性的摒弃和对其共同本质特征的反映。经研究发现，思维除了有逻辑思维，还有形象思维、直觉思维、顿悟思维。

思维是一种能力，即思维能力，它包括理解力、分析力、综合力、比较力、概括力、推理力、论证力、判断力等。思维能力是通过有目的、有计划、系统性的教育活动来训练和培养的，以此改善人的思维品质。思维品质中的深刻性、灵活性、独创性、批判性、敏捷性和系统性等，反映的是个体智力的差异与思维的水平。因此，教师只要把握住学生的思维品质，有的放矢地努力和卓有成效地坚持训练，就能使其获得良好的思维能力。

人具有资源导向式思维和目标导向式思维两种思维模式。资源导向式思维模式是指从手头现有的资源出发，按照自身能力和资源的规定，正向推进，稳扎稳打，步步为营。具有这种思维的学生，只读书本，认为书内是知识，书外就不是自己的所需了；而目标导向式思维模式则指做任何事情都从目标出发，基于目标的要求，规划实现目标的路径，明确实现目标的条件，在实际需要中努力发现，借助和创造实现目标的条件，按照路径不断推进，进而实现目标。具有这种思维的学生，认为所有资源，只要能为我所用，都是知识的源泉，不必拘泥于书内还是书外。因此，发挥这两种思维模式的优势，就可以帮助教师全面提高学生的思维能力。

谈思维，必定涉及思考。思考是思维的一种活动，是由大脑、意识、思维、思考对象所构成的。思维过程产生思考力。思考力与思考者掌握的思考对象的相关信息有关，并且思考者的知识和获取信息的多少直接影响其思考活动的质量。另外，思考的方向取决于思考的价值目标，即思考要有目的性，漫无目的的思考难以产生强有力的思考力。此外，思考必须找准作用点。思考活动集中在特定的思考对象上，把握其关键，才能使思考活动势如破竹；如果找不准思考的着力点，就会精力分散、思维紊乱，思考就只会停留在事物的表面，无法深入从而把握事物的本质。一堂优质的课必定是根据学生的程度，结合学习内容确立教学目标、选择教学方法、优化教学过程，围绕活动内容突破重难点，完成教学内容和达成教学目标的。

高中英语课程应着重提高学生用英语获取信息、处理信息、分析和解决问题的能力，逐步培养学生用英语进行思维和表达的能力。教师要善于结合教学实际的需要，灵活而有创造性地使用教材，因此，阅读理解练习题设计得不适合自己的学生，则可以用自己设计的练习替换原有的练习。阅读技能的教学目的是培养学生的阅读策略，培养其语感，特别强调培养学生在阅读过程中获得和处理信息的能力，使其掌握略读、找读、预测、猜测、推理、评价等技能。

综上所述，高中英语学习，尤其是英语阅读，要从语言、文化、思维三方面入手，这样才可以培养全方位的英语语言能力和思维品质。

(二)文本练读法在导学中实施

理解文本的价值在于实现作者与读者的交流，即通过自己实际走近文本，走近作者，形成对文本的理解。现行英语教材从形式上看，有语篇、有对话；从题材上看，有生活场景类文本、人物传记类文本、文学想象类文本、科技应用类文本。教材蕴含着丰富的文化内涵。我根据单元材料所蕴含的理、智、趣，运用阅读技巧，指导学生感知、理解、评价集语言、文化、思维为一体的文本内容。例如，高中英语必修三“Unit 1 Festivals Around the World”中的“Festivals and Celebrations”是集语言、文化、思维为一体的阅读文本。我在教学中运用文本练读法层层推进，引领学生学习语言，了解文化，形成思维能力，从而构建语言的学习价值与育人价值。

1. 导入：激发求知欲

文本导入可以采用形式多样、符合文本话题和主题的视频、图片、文字材料，并配以英语解说，烘托主题；也可以结合学生的学习情况与社会背景，设问导入。

我运用设问导入，以设问切入文本话题，贴近学生实际。所设问题应具有启发思维，唤起求知欲，激发想象力和创造力的特点，以引起学生的兴趣，使其急切地投入文本的学习。

①Do you like festivals? Why or why not?

②Do you have your own festival? How do you celebrate your festival?

③How many important festivals are there in China? What about western festivals?

④How are the Chinese and western festivals celebrated?

2. 默读：感知“节日”

我引导学生默读文本，大脑直映，整体识别整句整行，感知内容，从对词句的感知变为对内容的理解；运用意群阅读法逐字逐句甚至逐段地默读，让想象、联想、思维、记忆等大脑活动同时进行。

我让学生默读标题和小标题，然后速读每段的首句、末句，领悟段意，概述文本大意；在默读过程中让学生做记号，画段落，标重点，加批注；默读完毕，再留出一定的时间，让学生做准备，复述大意，概括中心，并解释词语，以检验阅读效果。

默读文本后，学生呈现不可理解的词句，首先小组讨论，然后在全员学习中，我引导学生结合上下文语境推测词意并解释难句，如 hunter、starve、origin、religious、ancestor、play a trick on、have fun with 等词语，根据其所在的上下文语境加以解释。在实施中，我参照下列问题转换形式进行提问，以此组织英语课堂活动。

①What's English for…？/What's Chinese for…？

②The term "…" in Paragraph…， Line…means?

③What do you think the word/expression/sentence means in English/in Chinese?

3. 略读：摄取主旨

我带领学生再次回到文本，在默读标题和小标题的基础上，速读每段的首句、末句，再次领悟段意，概述文本大意。然后，学生进行信息填空，并对照自己的概述，通过任务进行检测核实。

任务：请在空白处填上适当的词语，形成语段，并与你对文本的理解和对大意的概括进行对比。

The passage introduces 1)________ kinds of festivals and celebrations that are held all over the world. They are festival of 2)________，festival to 3)________，4)________ festival and 5)________ festival.

略读时，我运用"What is the main idea of the passage?""The title below that best expresses the idea of the passage is…"等语句组织课堂，指定阅读目标，让学生针对某个问题在文章中寻找答案。

4. 寻读：获取要义

在略读的基础上，我带领学生再次回到文本，让学生针对下列问题在文本中寻读并回答，以此检测其对文章写作意图和主题思想等的把握情况。

①What would most ancient festivals celebrate?

②What are festivals of the dead for?

③Why does Indian have a national festival on October 2?

④Why are Harvest Festival and Thanksgiving Day happy events?

⑤Why do people love festivals and celebrations?

5. 研读：融会文本

(1)研读提示

我引导学生字斟句酌地阅读标题、段落，边读边思考，领会内容，揣测作者的立场、观点、意图，做到准确、透彻地理解；通过分析、比较、联想等思维活动，运用已有知识、经验对所获得的信息加以内化。研读不等于慢读，而是要按意群阅读，领会信息，目的在于读一遍就能理解全部内容，提高阅读速度。

(2)锤炼思维

我运用思维导图这种“用眼睛看”的思考工具，通过插图、图形、表格、关键词等把信息传达出来，帮助学生有效地分析和理解问题，寻求解决问题的方案。运用思维导图训练阅读能力就是根据所读内容运用画图、标图、连线、填表、排序、补全信息来训练学生的阅读能力。思维导图能够帮助学生对某一问题的各方面进行理解和记忆。学生用这种方法把阅读文本的内容囊括到一张纸上，培养了对语言信息的提取、分辨和思考能力。

①标题导读，从标题中推断文章结构和线索。

文本由标题“Festivals and Celebrations”和五个小标题组成，阐释具体的节日和庆祝主题。依据这些标题，学生可以推测文章的思想内容。

文本分为五个小短文，第一个小短文为主题段，剩下的四个小短文分别介绍鬼节、名人节、丰收节和春天节。通过研讨，学生了解了各种节日的由来及其存在的意义。

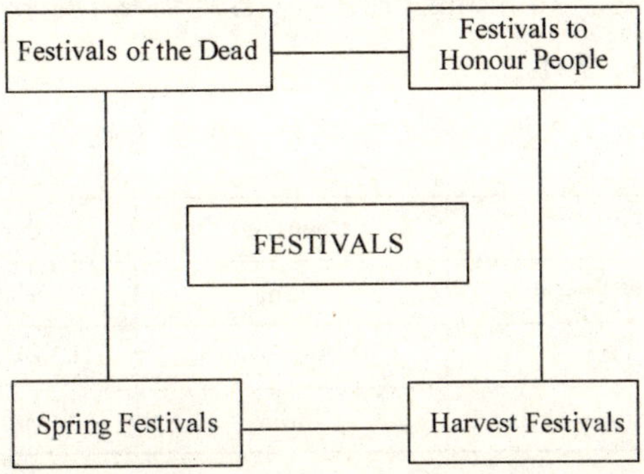

②浏览文章，寻找主题段，研讨文段，提炼信息词语。

第一，研读段落，提取信息。

任务1：研读第一段，确定主题句，寻读关键词，概括段意。

Introduction to Festivals	
Ancient festivals	celebrating the end of the cold winter, planting in spring, harvesting in autumn, catching animals
Today's festivals	some religious, some seasonal, some for special people or events

运用表格内容，复述第一段。(略)

任务2：研读第二段，确定主题句，寻读关键词，概括段意。

Festivals	Countries	Celebrating in a Cultural Way
Obon	Japan	cleaning graves, lighting incense, lighting lamps, playing music
The Day of the Dead	Mexico	eating food in the shape of skulls; eating cakes with "bones" on them; offering food, flowers and gifts to the dead
Halloween	Western countries	children dressing up, asking for sweets

Culture elements: ______________________

Thinking practice: ______________________

【说明】culture elements(文化要素)要求学生提炼段落中涉及的文化

词语，并加以评述。thinking practice(思维训练)要求学生根据表格信息，运用相关词句复述。

任务 3：研读第三段，确定主题句，寻读关键词，概括段意。

Festivals	Countries	People to Honour
The Dragon Boat Festival	China	Qu Yuan
Columbus Day	the USA/America	Christopher Columbus
A National Festival on October 2	India	Mohandas Gandhi

Culture elements: ______________________

Thinking practice: ______________________

任务 4：研读第四段，确定主题句，寻读关键词，概括段意。

Festivals	Countries	Celebrating in a Cultural Way
Harvest and Thanksgiving Festivals	European countries	decorating churches and town halls with flowers and fruit, getting together to have meals
Mid-autumn Festival	China and Japan	admiring the moon, enjoying mooncakes (in China)

Culture elements: ______________________

Thinking practice: ______________________

任务 5：研讨第五段，确定主题句，寻读关键词，概括段意。

Festivals	Countries	Celebrating in a Cultural Way
Spring Festivals	China	dumplings, fish, meat, lucky money, dragon dances and carnivals
Easter and Related Holidays	some Western countries	carnivals (parades, dancing, loud music, colourful clothing of all kinds)
Cherry Blossom Festival	Japan	cherry tree flowers

Culture elements: ______________________

Thinking practice：________________________________

第二，分析篇章的主旨和文本结构，推断作者的写作意图，辨析细节内容。

任务 1：What's the main topic of this passage?

A. The origins of the festivals.

B. Festivals and celebrations around the world.

C. What people do during the festivals.

D. Famous people related to the festivals.

【说明】运用阅读理解题型，检测学生对主旨大意的了解。

任务 2：What is the purpose of the writer in writing this passage?

A. He wants to make an advertisement about different festivals around the world.

B. He wants to introduce his readers about festivals and events around the world.

C. He wants to persuade the readers to celebrate all these festivals.

D. He wants to share his happiness during the festivals with the readers.

【说明】运用阅读理解题型，检测学生对写作意图的分辨。

任务 3：Which of the following is RIGHT according to the text?

A. Easter celebrates the birth of Jesus.

B. To honour the great poet Qu Yuan，people celebrate the Dragon Boat Festival.

C. The ancient people always worried about their food.

D. Halloween is a festival intended to honour the hero.

【说明】运用阅读理解题型，了解学生对文本内容的把握程度。

6. 听读：练听读文

学生可以根据学习需要，学前听读，也可以学后听读。通过听音频或录音，学生模仿句子的语音、语调，全面感知词意、句意、段意，乃至整个文本。在此基础上，我进行听读检测，防止学生无效听读。

7. 朗读：通透文本

我根据文本内容，采用独立朗读、小组朗读、全员竞赛朗读等方式，让学生全面感知、体验文本内容，心领神会地用声音感悟语言的内涵。

8. 检测：融会贯通

我引领学生根据文本的标题、小标题，以及主题思想概括文本；引领学生运用思维导图的方法补全信息，补充词语，并与学生自己概述的内容进行对照。

任务：请根据文本内容，填入适当词语，完成短文。

Festivals and celebrations of all kinds have a long history. Ancient festivals would 1)________ the end of cold weather, planting in spring and harvest in autumn. Sometimes people would hold celebrations 2)________ hunters had caught animals.

Some festivals 3)________ to honour the dead or to satisfy the ancestors. Some can be celebrated 4)________ famous people, like the Dragon Boat Festival which honours the famous 5)________ Qu Yuan. Harvest and Thanksgiving festivals are happy events because the food is gathered for the winter and a season of agricultural work is 6)________. In China, people can admire the moon and eat mooncakes 7)________ the Mid-autumn Festival. The most 8)________ and important festivals are the ones that look 9)________ to the end of winter and to the coming of spring, such as the Lunar New Year, 10)________ people have a very good time.

三、语言思维在知识演练中锤炼

我指导学生采用寻读法，在 Warming-up 和 Reading 两个环节中寻读有“举行”和“纪念”含义的词句，分析它们在上下文中的语义链。为了增强阅读理解的时效性和准确度，学生在文本中找读、玩味，进而归纳、分析，在词句转化中使语言得到表达并得以升华。

(一)搜索与定位：锤炼“资源导向式思维”

我让学生运用“资源导向式思维”模式，从文本资源中按照“举行”“纪念”的语义搜索相关的语义链。

任务1：阅读文段，搜索与“举行”有关的词句，定位与其语义相关的词语，并加以对比分析。

【成果展示】学生通过寻读，寻找到10个与“举行”有关的词句。

①Discuss when they (five Chinese festivals) take place, what they celebrate and what people do at that time.

②Festivals and celebrations of all kinds are held everywhere.

③Sometimes celebrations would be held after hunters had caught animals.

④Some festivals are held to honour the dead, or satisfy and please the ancestors.

⑤In Mexico, people celebrate the Day of the Dead in early November.

⑥Festival can also be held to honour famous people.

⑦China and Japan have Mid-autumn Festivals, when people admire the moon and in China, enjoy mooncakes.

⑧There are dragon dances and carnivals and families celebrate the Lunar New Year together.

⑨Some Western countries have very exciting carnivals, which take place forty days before Easter, usually in February.

⑩In Japan, the Cherry Blossom Festival happens a little later.

【导学】提取词汇语义链，分析和对比“举行”在具体句子中的语义、结构和表达方式。在句子中，除 hold 有“举行”的含义外，其余的 take place、celebrate、have、there be、happen等词语与“举行”含义似乎毫不相干。而在语境中，它们的确贴切地表达了“举行”的含义。因此，在语言学习中，经常关注英语语句的表达方式和用词特点，就能积累表达思想和观念时所需要的丰富词句。

任务2：阅读文段，搜索与“纪念”有关的词句，定位与其语义相关的词语，并加以对比分析。

【成果展示】学生通过寻读，围绕“纪念”在语篇中寻找与其相关的语句，训练“资源导向式思维”。

①Some festivals are held to honour the dead, or satisfy and please the ancestors.

②For Japanese festival Obon, people should go to clean the graves and light incense in memory of their ancestors.

③Festival can also be held to honour famous people. The Dragon Boat Festival in China honours the famous ancient poet, Qu Yuan. In the USA, Columbus is in memory of the arrival of Christopher Columbus in the New World. India has a national festival on October 2 to honour Mohandas Gandhi, the leader who helped gain India's independence from Britain.

④It (Easter) celebrates the return of Jesus from the dead and the coming of spring and new life.

【导学】honour、in memory of、celebrate都有“纪念”的含义，在语境中它们以非谓语动词、介词短语和谓语等形式构成语句。因此，在阅读中需要关注词语的结构特点和表达方式，体会词语在上下文中所表达的概念及其思想内涵。

(二)整合与关联：锤炼“目标导向式思维”

我引领学生运用目标导向式思维，基于“举行”“纪念”在文本中的语义链目标，按照语义链词语步步推进，锤炼词语的结构及用法。学生分析语言结构，思考知识，关联词性与句型，体验语言表达的规律性和特殊性，从中领悟、内化知识，生成技能，构建英语语言思维。

任务：请分析语句中与“举行”“纪念”相关的词语，思考语言结构，变换语言表达方式。

①There are all kinds of festivals and celebrations everywhere.

②Festivals can also be held to honour famous people. The Dragon Boat Festival in China honours the famous ancient poet，Qu Yuan. In the USA，Columbus is in memory of the arrival of Christopher Columbus in the New World. India has a national festival on October 2 to honour Mohandas Gandhi，the leader who helped gain India's independence from Britain.

句子重组：Festivals and celebrations of all kinds take place/happen/are held everywhere.

语段重组：Festivals can also be held to honour/in honour of/in memory of famous people. The Dragon Boat Festival in China honours/is in honour of/is in memory of/is held as an honour to the famous ancient poet，Qu Yuan. In the USA，Columbus honours/is in memory of/in honour of the arrival of Christopher Columbus in the New World. India has a national festival on October 2 to honour/as an honour to/in honour of/in memory of Mohandas Gandhi，the leader who helped gain India's independence from Britain.

【分析】我引领学生运用“资源导向式思维”从文本中提取与“举行”和“纪念”相关的词句，分析它们的表达方式和结构特点；按照“目标导向式思维”在语段中重组操练，让学生充分认识语言表达中同义词、近义词、上下义词等词语的构成特点，让“为我所用”成为“知识的源泉”；注意词序和词句结构，以达到形式统一、语言逻辑一致，从而提取信息、处理信息、储存信息，理解和重构语篇，发展语言思维能力。

【导学】英语有“形式对称，结构统一”的语言特征。在英语学习中，教师要针对文本中的同义词、近义词、上下义词、反义词和概括词及其在各类语句中的表达特点，运用所获得的语言知识，拓展思维空间；通过替换、重组和整合语句和语段，在从“原句”到“拓展句”之间的转换中体会语义与内涵的变化，潜移默化地体验阅读材料的语言表达手法，领会语句、语段、语篇的具体表现形式；在欣赏、鉴赏的过程中，生成语言表达能力，构建英汉双语思维，遵循和学会两种语言的表达规则。

(三)话题延伸　词句拓展

1. 话题拓展　词句整合

我引导学生根据“Festivals and Celebrations”的文本，运用单元核心词汇，操练句型，训练思维，从而拓展有关“节日和庆典”的话题。

任务：首先运用简单句表达，然后用多种词句表达下列句子，请注意不要重复已用句式。

内容：我们应该装饰房间。我们庆祝春节。春节是中国最重要的传统节日。

方式：抢答，在黑板园地上写出语句。

【表达】根据汉语提示，用简单句式表达。

S1：We ought to make our house beautiful. We'll celebrate the Spring Festival. It is the most important traditional festival in China.

S2：We should decorate our house. We'll celebrate the arrival of the Spring Festival. It is the most important traditional festival in China.

【拓展】寻找关系，整合信息和语序，按语法及语用特点用复杂句式表达。

S3：We should decorate our house in order that we can celebrate the Spring Festival，which is the most important traditional festival in China.

S4：We ought to decorate our house so as to celebrate the Spring Festival，the most important traditional festival in China.

S5：In order that we could celebrate the Spring Festival，we must decorate our house，as it is the most important traditional festival in China.

S6：In order to celebrate the Spring Festival，the most important traditional festival in China，we should make our house beautiful.

S7：We 'll have to make our house with a nice decoration so that we could celebrate the Spring Festival，which is the most important traditional festival in China.

【导学】基于单元话题，我以汉语引入，从翻译、语义和句式转换入手，引导学生锤炼词语、句式和惯用语，培养学生英汉语言思维的转化能力。

【说明】三个汉语句子，学生从英语词语的搭配、句型以及语法功能中寻找切入点，从已获得的同义词、近义词、反义词以及各种句型等知识网络中提取语言要素，运用众多复杂语句表达。可见，英汉语言并非词句上的一一对应关系，只要在教学中创造条件，学生就能根据语言概念和词语的内涵，运用较流畅的语言进行表达。

2. 主题延伸　书面表达

根据单元节日话题以及文本的“节日和庆典”主题，我促思融会，让学生采用文本阅读法阅读文章，接着运用“资源导向式思维”原理让学生按照任务在文本中寻读、提取与节日和庆典相关的词句，透视英汉语句的表达方式，通过词句表达来把握英语语句的结构和表达特点，最后以“春节”为媒介促使学生进一步思考，结合关键词语，明确表达的方向，在写作中融入传统文化观念，水到渠成地在“读文本—学语言—促表达”的读、议、写过程中完成英语短文。

任务：根据提示词，写一篇以“春节”为主题的英语短文。

提示词：传统节日、装饰房间、祥和团圆、节日活动。

【参考范文】

About the Happy Spring Festival Days

The Spring Festival is the most important traditional festival in China. The significant festival and the celebration takes place on the first day of Chinese lunar January.

As we all know，the Spring Festival is a festival of joy and harmony as well as a reunion day in China. In order to celebrate the festival，we sweep the dust before its arrival. As a traditional habit，we decorate our houses，with windows full of paper cuts and doors of spring couplets，marking our New Year resolutions. On New Year's Eve，we have a big dinner，like dumplings，and sweet rice dumplings，welcoming fortune God，with firecrackers，future telling，wine drinking，and red packets sending. When the bell strikes，there comes the New Year. On New Year's Day，we have new clothes on and visit our family，relatives and friends. We celebrate the festival and greet each other until Lantern Festival comes to an end.

3. 词汇关联　语篇整合

众所周知，思维能力的培养是一种有目的、有计划、有系统的教育活动。每学完一个单元，学生获得的知识往往是碎片的、零散的，可能又是无序的。我根据两种思维模式，即资源导向式思维和目标导向式思维，基于学生的文化背景和知识范围，遵循语言学习规律，把英语概念性的词语与周围世界相联系，拓展单元话题，寻找主题，创编故事或对话，用以发展和培养学生的理解力、综合力、概括力和抽象力等思维能力。

语言思维的操练能使大量的暂时停留在记忆中的知识碎片，在稍纵即逝中焕发活力，贴近学生的生活背景和文化知识范围，使学生将知识关联、词语链接，在形成语言结构框架的过程中表达英语，形成英语短文。因此，我常常启发学生，促思融会，运用单元话题或主题，活用相关语言知识、表达方式和结构规则，透视词汇中所形成的语义场，在整合词汇、关联知识中形成英语短文、故事或对话。

我针对单元话题和词汇，激活学生的“资源导向式思维”，使其产生联想，寻找主题，改写、续写和自创故事情节，发展“目标导向式思维”，培养其抽象概括能力和综合思维能力。当然，有时学生所表达的语篇看似荒诞可笑，实则在创编故事情节时给思维插上了翅膀，让想象力驰骋。

更为惊叹的是，学生可能会忘记单词，却难以忘掉所创编的故事情节或对话内容。复习词汇时，他们翻阅所创编的故事，就能迅速恢复记忆，词语又会浮现于脑海。

当然，学习英语不仅是记忆单词，更重要的是活学活用，学以致用。一个常用词语，往往具有深刻的内涵和多种搭配及用法。我们只要激发学生的思维，让他们运用词语创编故事、对话或笑话等，就可以促使学生深入思考，给他们所掌握的词语赋予生命力，使他们在运用中加深理解和记忆，在活学活用中发展语言思维能力。

四、育人功能在文本读写中渗透

教师如果在教学中利用文本挖掘素材，延伸话题让学生创编故事，提炼主题，融会知识，贴近生活，活用知识，在于情于理、情景交融的语言学习环境中去构思情节，活用词句生成语篇，就可以使学生活化知识、生成技能，从而激发学生的语言潜能，使其将生活背景融入其中，让思维驰骋，学以致用，让学生在获得语言的学习价值的同时，也能收获语言的育人价值。

人教版高中英语教师用书在教材使用说明中指出：“教师应从实际出发，灵活而又有创造性地使用教科书。”的确，教师不是“教教材”，而是“用教材”。教师要从学生的实际需要和语言知识结构出发，灵活而又有创造性地使用教材，使教材真正为我所用。另外，教师要从教材所提供的文化背景角度出发，培养学生的人文素养和思维品质。例如，选修八"Unit 4　Pygmalion"涉及一则希腊神话故事。在学习《皮格马利翁》剧情时，学生扮演剧中人物，朗读人物对话及剧情独白，营造绘声绘色的语境，结合故事背景、故事情节，复述剧情，呈现剧情中的人文素材。接着，学生围绕"皮格马利翁效应"的短文内容，根据写作要点，拓展思维空间，进行写作。

读写任务：阅读下面的短文，然后按照要求写一篇150词左右的英语短文。

Pygmalion, a sculptor and prince of Cyprus, created an ivory statue of his ideal woman. As a result, Galatea he called was so beautiful that he immediately fell in love with it. He begged the goddess Aphrodite to breathe life into the statue and make her his own. Aphrodite granted Pygmalion his wish, the statue came to life and the couple married and lived happily ever after.

The story was also the basis of George Bernard Shaw's play "Pygmalion". In Shaw's play, Professor Henry Higgins claims he can take a Cockney flower girl, Eliza Doolittle, and turn her into a duchess. But, as Eliza herself points out to Higgins' friend Pickering, it isn't what she learns or does that determines whether she will become a duchess, but how she's treated.

"You see, really and truly, apart from the things anyone can pick up, the difference between a lady and a flower girl is not how she behaves but how she's treated. I shall always be a flower girl to Professor Higgins, because he always treats me as a flower girl, and always will, but I know I can be a lady to you because you always treat me as a lady, and always will."

【写作内容】

1. 以约30词概括上文的主要内容。

2. 就“皮格马利翁效应”这一主题发表你的看法，内容包括：

(1)简述“皮格马利翁效应”的积极效应和消极效应；

(2)教师运用“皮格马利翁效应”对你所产生的影响；

(3)你对“皮格马利翁效应”所持的看法，并说明原因。

【学生习作】(已做修改)

Pygmalion made an ivory statue into his ideal woman. He persuaded Aphrodite to breathe its life as he hoped. Shaw's play shows that the difference between a lady and a flower girl is not how she behaves but how she's treated.

According to the play, what we treat may come true in our future life. This idea is known as the Pygmalion Effect. The effect may occur at school, based on whether we make a positive or negative attitude towards our subjects. Through the Pygmalion Effect, our teachers can create better students. This is even truer when the teachers work with underachievers.

In fact, the same expectation may lead to different treatments. Take my friend Jingly and me for example. Although both of us were poor in English, my teacher said we had a gift for the language. From then on following my teacher, I worked harder as expected to, but Jingly doubted. When in trouble, my teacher's words encouraged me to move on. As time goes on, I am able to do better in English while Jingly fails English tests repeatedly. Only when you believe you can perform well will you in a strange, magical way. Similarly, only when you don't believe you can perform well neither will you in the end.

【导学】在阅读文本、复述、编写短文的过程中，学生围绕单元话题，展开主题写作。学生从中理解和认识“皮格马利翁效应”的实质——

"说你行，你就行；说你不行，你就不行"在人的能力发展和潜能培养中的作用。学生认识到这一效应的作用，就会克服消极性，增强积极性，认识自我，发展自我。人是发展变化的，我们要学会如何用"积极期望"来抵消"消极期望"；同时，懂得要想使一个人发展得更好，就该给他传递积极的期望。期望对人们的行为会产生巨大的影响，因为积极的期望促使人们向好的方向发展，消极的期望则使人们向坏的方向跌落。增加学生的思想性，把他们培养成有思想、有情感、有价值观的一代新人，使他们能对问题一分为二地看待和评价，这正是英语学科培养学生思维品质的关键所在。

作为教师，如果我们利用一些常见的心理效应，潜移默化地施用于实际教学中，就会对我们的教育教学大有裨益。

1968年，美国著名心理学家罗森塔尔考查某所学校，随意从6个班中各抽取3名学生，他将这18人的名字写在一张纸上，以赞赏的口吻将一份"最有发展前途者"的名单交给了校长和相关教师。8个月后，罗森塔尔又来到该校，发现这些学生的确都超过了一般学生，长进很大。再后来，这18人全都在不同的岗位上干出了非凡的业绩。这正是"皮格马利翁效应"。

骆家文同学2005年高三时进入我所任教的班级，除了英语外，他的其他课程都很出色。一天中午，我在学校值班，检查教室时发现他还在教室里学习英语。我查看了他的作业本、笔记本和课本，发现他密密麻麻写了不少英语。我深受感动，便鼓励他说："你有语言天赋，语文成绩那么好，英语肯定能学好！"

从此，在课堂上，只要他有一点儿进步我就表扬他、鼓励他，创造机会让他表现自己。学习了"Pygmalion"这一单元后，我让学生写关于"皮格马利翁效应"的读后感。这种心理效应的确在这个班的学生身上发生了作用。2006年，该班的高考英语平均标准分为590分，高于广东省本科分数线的548分。骆家文同学尽管仅有538分，但对于从未获得过高分的他，已足矣。大学毕业后，他通过国家公务员考试，成为一名优秀的公务员。据不完全统计，该班学生中有王慧瑜、欧斌雄、邬玉、汤思华、潘泽通、钟泳仪、何键斌、潘文女 8 名同学通过全国大学英语六级考试，还有叶嘉萍、罗丽萍、汤七梅、邱会斌、单颖霞、杜婉茹、刘丽茹、李宇婷、郑汝辉、黄国钦、孙洪英、聂键科、谢淑玲、刘嘉维、何旭日、吴绍贤、单建钊、吴海钊、李汉钧、邹凤娟、邱小琴 21 名同学通过全国大学英语四级考试。

教师不仅要以英语教材进行教学，更需要挖掘教材中的文化内涵，来塑造学生的思维品质，提高其人文素养。由此，教材所包含的文化内涵和人文思想，在潜移默化中形成学生的认知力和认同感，与语言、思维、文化紧密联系在一起，促进学生英语学科核心素养的形成。

第四章

教研一贯

作为英语学科组长，我带头上市、区、校的观摩课、示范课、比赛课等，带领科组教师搞教研、做课题。我在主持研究了增城市教育科学“十一五”规划课题《高中英语读写任务教学的现状分析及其对策研究》和“十二五”规划课题《基于〈课标〉话题的高中英语教材整合与拓展的行动研究》后，继续研究广东省教育研究院重点课题《以学生发展为本的高中英语课程教材教学整体研究》。另外，我还参加了周丽红校长主持的广州市中小学德育研究“十二五”规划课题《高中生人生规划指导下的研究》。

作为增城教育专家库成员，我加班加点完成教育局分配的教师参赛论文和课题评审工作，还参加教师的开题报告会并做开题指导。在广东省率先推广“3＋X”高考模式时，我积极参加市、区两级举行的各类教研活动并开展调研，参加全国高考研讨会，提交的四篇研究论文均获得一等奖。我积极进取，不断反思自己的教学行为，着眼于课堂教学的行动研究。在上完增城示范课和观摩课后，我反思和提炼授课内容，以先进的教育思想和教学理论为指导，撰写论文《书面表达的课堂设计及其训练策略》，发表在核心期刊《中小学英语教学与研究》上，这使我备受鼓舞；我撰写的《透视新课程标准下的英语教改与新高考中的语言技能关》，在国家基础教育实验中心外语研究中心 2009—2010 年度优秀科研论文评选活动中荣获一等奖；我研究全国高考写作并结合高考真题进行备考演练指导，撰写的《书面表达和语言思维转化》在《中小学英语教学与研究》上刊登后，被《广东“3＋X”高考模式·备考研究》和《英语高考研究与备考实践》两部丛书转载；《高考书面表达的考后思考与考前演练》这篇论文曾在石家庄举行的首届全国高考英语研讨会上进行交流，被专家组评为一等奖。新课程改革带动了我对英语教学的深思和反省。2007 年，我结合广东省高考写作题型撰写的研究性论文《新高考英语写作对高中写作教学的正向反拨及其教学对策研究》收录在《行动与创新　英语分册》上，并荣获增城市第二届教研、科研优秀成果评选论文成果一等奖。

善于思，是我所形成的习惯。我经常把课堂作为教育教学研究的园地，深思教育现象和教学心得并形成文字。2008 年，在广东省高考英语写作首次采用新题型前，广东省教学界对广州市英语“一模”命题十分关注。我根据广州市英语“一模”网上评阅时所做的记录以及评卷分析，结合英语“一模”考题在课堂中的讲评，撰写《广州“一模”透视出的高考英语写作新理念》，并发表在 2007 年的《英语考试研究》上。我对广州市英语“一模”考题很重视，在课堂上进行重新演练，对考后所形成的课堂素材进行语言加工，按照研究性论文的格式，撰写成近一万字的论文《2009 年广州市“一模”英语写作的考后思考与备考演练》，又发表在《英语考试研究》上，并获得稿酬。课堂产生了作品，作品深化了课堂。我对每一项课题都学究不放，直到形成铅字。

一、教研能力在课程改革中提高

(一)教师科研能力的提升

在课堂模式改革和教学理念实施的过程中，英语科组教师的教研水平和业务能力迅速提高。我们在主持完成了增城市教育科学“十一五”规划课题《高中英语读写任务教学的现状分析及其对策研究》(结题：优秀)的基础上，又主持完成了增城市教育科学“十二五”规划课题《基于〈课标〉话题的高中英语教材整合与拓展的行动研究》(结题：良好)。其中有 16 位教师直接参加课题研究，同时我带动其他 18 位英语教师在高中循环教学中参与课题的行动研究，培养了陈应妮、郑细军、林晓珊等一大批教学新秀。我带领科组教师到外校和外区进行同课异构教学，组织全科组教师到珠海实验中学听课、调研、学习，从而提升了学校以及科组在增城区和广州市的知名度，使英语科组成为学校的“看家”科组。尤其在高三复习备考阶段，我组织教师开展多种课型的课堂行动研究，以研讨课、实验课、公开课为抓手开展有效的教学活动，以选材、备课、设计、磨课为主线，对在公开观摩课中实施过的高三复习教学案例进行筛选、加工、提炼、优化和再实践。2015 年，我校有 16 项英语教学案例获奖，占广州市获奖奖项的 10%。其中我校选送的参评作品在 5 项一等奖中占 1 项，22 项二等奖中占 2 项，55 项三等奖中占 4 项，78 项优胜奖中占 9 项。

校本教材和课题研究成果汇编

表 4-1　2015 年广州市高三有效复习案例成果获奖名单(增城区荔城中学)

作者姓名	成果名称	类别	获奖等级
马玉湖	读写任务“家庭价值观”话题写作评议案例	课例	一等奖
胡道曼	英语读写任务中“表明观点及其拓展句写作”微技能课堂训练	课例	二等奖
刘小玲	写作专题指导——如何整合信息	课例	二等奖
阮毅贤	定语从句在高中英语语言基础知识及其技能培养中的应用	课例	三等奖
陈应妮	整合教材话题　优化高考听说训练	论文	三等奖
何爱莲	功能意念项目之“提建议”教材整合复习与写作	课例	三等奖
刘培英	读写任务“审题、确定中心、拓展”课堂讲评	课例	三等奖

续表

作者姓名	成果名称	类别	获奖等级
钟英	2015 年广州“一测”基础写作课堂讲评练	课例	优胜奖
刘悦、郑细军	高三英语单元复习——健康饮食话题词语操练及其运用	课例	优胜奖
李龙锋	模块复习 B2U4 Wildlife Protection	课例	优胜奖
郭少勤	听说训练——“三问五答”(旅游交通话题)	课例	优胜奖
郑细军	高考读写任务中的“假设情境”写作要点技能训练	课例	优胜奖
陈应妮	人物话题听说写作训练教学案例	课例	优胜奖
高爱娟	完形填空讲评之专项训练——词义复现	课例	优胜奖
张秀珍	高考英语状语从句关联词专题训练教学设计	课例	优胜奖
林晓珊	语法填空解题思路——提示词为动词	课例	优胜奖

在课题研究中，我指导陈应妮老师在初高中英语衔接教学、模块话题教学和高考听说教学等方面进行调研，并开展相应的教学活动。我们把课题研究中的所得进行提炼和筛选。在我的指导下，她撰写的论文《初高中英语教学衔接的调查与分析》《整合模块话题　突破高考写作》《整合教材话题　优化高考听说训练》分别发表在全国核心期刊《中小学英语教学与研究》2014 年第 8 期、2015 年第 1 期和第 10 期上。其中《初高中英语教学衔接的调查与分析》荣获《中小学英语教学与研究》第十届优秀论文评选二等奖。我结合研究课题撰写的论文《高中生英语拼读能力现状调查及其提升研究》在广州市中学英语教研会年会论文评比中荣获三等奖，并刊登在《增城教育》2016 年第 1 期上。

(二)教学改革成效展望

在“两展两评课堂模式”实施的过程中，我运用“促思融会”的教学理念，激发了学生参与课堂学习和活动的积极性和学习热情，更激活了教师关注课堂、研究教育、钻研教学和研究课题的积极性和热情，推动了教师学科专业的发展和理论水平的提升，从而使全校的教育教学质量上了新台阶段，教师的教科研能力得到了提升。

第一，学业水平考试迈上新台阶。2011 年，我校英语、语文、数学等学科在广州市学业水平考试中均取得了建校以来的最好成绩，第一次全部超过广州市优良率、合格率和通过率三线而达标。

第二，毕业班工作创佳绩。2012 年，我校第一次获得广州市高中毕业班工作一等奖，之后连续五年获此殊荣。

第三，英语学科新突破。全校在英语课堂教学中实施“两展两评课堂模式”，以“促思融会”的英语教学理念促使学生多维思考，关联知识，生成语言技能，发展语言思维品质。可喜的是，英语科组荣获“广州市 2013 届高考突出贡献奖”。

二、阅读技能在多维评价中构建

英语文本阅读，基于学生的实际阅读水平，经常伴随着考查和评价，目的在于强化阅读效果和提高阅读技能；同时教师又以此了解学生对语言文字的理解程度和信息获取的准确度，适时适当地调整阅读文本的难易度，巩固学生对语言知识的掌握，提升其阅读技能的纯熟度。因此，培养学生的阅读技能，教师需要从多角度、多层次、多方面，根据阅读文本的特点、学生的需要和实际水平，采取适当的检测方法，从多维度进行评价，在不断巩固学生语言知识的基础上，促进其阅读技能和技巧的提升。阅读理解有如下多维评价方式。

(一)回答法

根据文本类型，在阅读中采用“5W1H”设问检测的方法。“5W1H”又称为“六何提问法”，即基于文章的逻辑结构设问，尤其是对故事性的记叙文提问。“5W”是指 When、Who、Where、What、Why，“1H”是指 How。这种检测方法是寻找文眼、文脉的设问，是从具体到一般、从一般到具体的过程设问。教师可以在"5W1H"检测后，设置词语填空，检测学生的读写能力、对文本的理解程度和语言转述能力。这种检测法有利于引导学生积极思考和组织语言，在向学生提供理解文章线索的同时，通过"读说"或"读写"结合的方式，发展学生的英语表达能力。

（二）正误排除法

针对阅读文本内容，对照关于所读文本内容的几组句子，学生通过阅读判断正误并提供证据。这种方法旨在考查学生对文本内容的理解和对重要信息的提取，培养其精准阅读的能力。

（三）完形填空法

教师将阅读文本内容改编为完形填空，以此考查学生的阅读理解能力、语言整合能力和对信息的储存能力。学生阅读文本后填空，依据上下文语境推断被删去或被替换的词语。所要填写的词语与所读文本中的词语相比，在词性、词义和句义等方面均有变化。这种方法能够比较客观地考查和评估学生的语言理解能力、词语整合能力和知识组织能力。针对学生的实际水平，在阅读中采用完形填空法激励学生，可以提升其阅读的流畅性、理解力和阅读效力，强化其用词、概括及其整合语言的选词能力。

（四）信息填空法

阅读文本后，学生按所设置的考查题目，依据阅读内容在画线部分填上所缺单词、短语。这种方法旨在考查学生对文本信息的提取能力、对语言的概括能力和对词句的转换能力，以此发展学生的抽象概括思维。

（五）列表法

所谓列表法，就是把文本内容按评价目标和信息词列成表格，构成系统化、明朗化、清晰化的检测内容。列表法所涉及的列表类别较多，有一览表、系统表、比较表、统计表等。列表设计要抓住材料的重点，围绕重点内容设计表项；以短文设表，所列表格的重点和项目以文章的体裁为依据，既要有共性，又要有个性；设计的表项要易于学生操作和填写，填写的内容要以摘录阅读文本的信息点和词句为主，以学生自己的概括为辅，力求使表格内容充实和丰富。为此，针对一篇文章或一则材料，究竟列成何种表格，要根据学生来决定，避免主观臆断。这种方法适用于文本研读法。

（六）配对法

配对法是指结合文本，根据每个独立的段落，改编或压缩其中的内容，设置成表达段落主旨大意或相关知识拓展的数组句子；或根据段落所阐述的内容，按学生所掌握的知识范围和理解能力，设置成数组常识句和概括句；学生通过阅读，针对阅读文本内容，将句子与段落进行匹配。这种方法旨在考查学生对所读文本的理解、语言整合及判断能力。

（七）翻译法

在阅读教学中，翻译并非只是将阅读文本中的英语简单地转换成汉语，而是要让学生通过阅读英语，利用母语翻译，对英语及其内涵所承载的信息和语言结构进行加工处理，使其从中理解和认识英语语句、段落乃至篇章。这种方法旨在考查和评价学生对阅读文本中某词、某句、某段乃至篇章结构等的理解和对语言信息的加工能力以及语言知识的转化能力，从中培养学生在阅读中英汉语言思维的转化能力。

（八）讨论/辩论法

学生在充分掌握文本内容的基础上，对文本所涉及的论点、观点和作者的态度，或文本所隐含的、没有直接说明而要靠读者挖掘理解的内容进行讨论，或组成两大阵营进行正反两方辩论。这种方法旨在发展学生的发散性思维，提高其分析问题、解决问题的能力和思辨能力。在辩论中，学生运用语言知识，锤炼语言，进行表达。

（九）复述法

阅读文本后，学生运用所摄取的主要信息和关键词语，针对文本的主旨大意或主要故事情节等，组织语言，表达所读内容。这种方法旨在考查和培养学生对阅读文本信息的撷取、记忆及对语言文字的组织表述能力，同时也考查学生对阅读文本的理解、概括、加工处理能力，从而发展其口语表达能力。

（十）排序法

教师根据阅读文本内容，针对文本的篇章结构、信息次序和语言逻辑关系等设置所要考查的语句。排序法是指在编排中打乱语句在篇章结构中的组织体系与排列框架，要求学生在阅读过程中对所读内容重新编码和排序，恢复文本的结构和原貌。这种方法旨在评价学生对文本信息出现次序的辨别能力、语言表达逻辑关系的梳理能力、篇章结构及其文章框架的整合能力，培养学生的语言逻辑思维和语篇构建能力。

（十一）文本结构法

这种方法属于高考阅读“七选五”选词、选句填空题，是对层次分明、语义递进、逻辑严密、情节清晰、结构完整的文本，采用“留前、截后、取中”的方法命题，抽取其中五个词句设题，另设两项干扰项，干扰项与文本的话题或主题相似而非相同，并用数字或字母标记，一般首段、尾段固定不变。通过阅读文本，学生根据语句和语段间的语义关联、词语衔接特点和行文逻辑，以短文的结构、文脉、关联词、过渡句等为线索来整体认读和整合语篇，采用“逻辑关联法”和“词汇锁定法”来解答，以此复原原文。

（十二）多项选择法

这是阅读理解常用的综合性考查方法。学生根据阅读文本，按照设置好的题目(干)，基于文本内容，从所提供的 A、B、C、D 四个答案中，选出正确选项，排除三个干扰选项。这种方法从主旨大意、写作意图、语篇结构、细节、词义猜测等不同角度、不同方面命题，旨在考查和检测学生对语言文字的理解、对信息的获取和对文章内在关系的推理和判断。

阅读的多维评价和检测方式，在阅读教学中所考查的角度和范围不尽相同，但目的都是在教学中给学生以阅读导向，对阅读结果给予分析、肯定和纠正。学生在多维评价的基础上，提高阅读理解的准确度和阅读速度，锤炼阅读基本功，从课内阅读走向课外延伸阅读，为真正的目的性阅读和自由性欣赏阅读铺路。

我撰写的《高中英语导练式课文阅读能力培养模式与技巧》在 2001 年 9 月中央教育科学研究所外语教研中心举行的全国高中英语阅读教学研讨会上做交流，经专家组评审荣获二等奖。经过多年的教学研究和实践，这篇文章又以《英语阅读理解的考查方式及教学评价策略》发表在 2005—2006 学年第 52 期《英语周报·初中教师版》上。

2005 年 4 月，我撰写的《高考英语标准化考试下阅读理解多元化考查方式及其教学评价策略》在国家基础教育实验中心外语教育研究中心举办的全国中学英语测试题型研讨会上做交流，并被专家组评为一等奖。

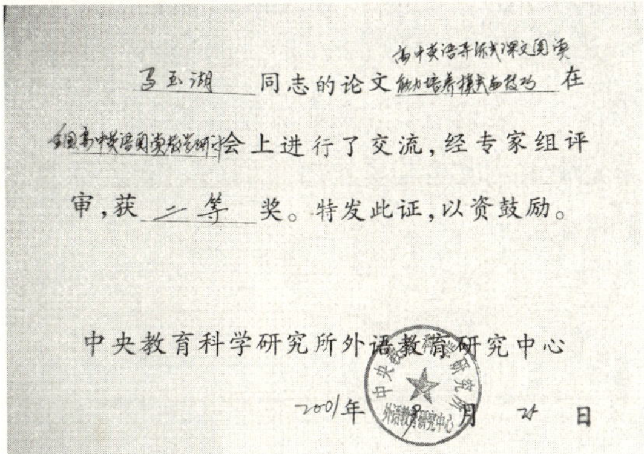
马玉湖　同志的论文　高中英语导练式课文阅读能力培养模式与技巧　在

全国高中英语阅读教学研讨会上进行了交流，经专家组评

审，获　二等　奖。特发此证，以资鼓励。

中央教育科学研究所外语教育研究中心

2001年 9 月 24 日

《高中英语导练式课文阅读能力培养模式与技巧》获奖证书

三、语言思维在词、句、篇表达中转化

学生刚开始学说英语单词，见到物品就不停地追问这个英语怎么说、那个英语怎么讲，想到、看到什么就追问其英语名称，实际上这就是最初萌芽式的翻译。

翻译在英语学习中是一种媒介，是一座桥梁。在母语环境中，翻译成为学生学习英语的跳板。翻译法运用得当可以促使学生形成英汉双语思维。翻译，从本质上讲，是将一种语言承载的信息转换成为另一种语言表达出来。在英语学习中，英语转换成汉语，或汉语转换成英语，目的在于让学生清楚地理解词、句、段乃至篇章；同时也帮助学生通过翻译中的词句对比和语言结构转换来认识和掌握英汉语言的表达方式、词句结构和篇章构造等；更主要的是通过翻译这座桥梁把语言所承载的某种信息、意思乃至思想，通过一定的语言表达程序转换成另一种语言，从而帮助学生真正掌握英语语言的结构特征和表达方式，抓住英语的精髓，准确地进行语言表达，生成规范地道的英语。

正是带着对翻译如此的探索心理和求知欲望，我参与了1999年到2000年的“全国英语‘四位一体’中、高考复习方法再实验研究课题”，探索翻译在英语学习中的作用，探究汉语迁移在英语教学中的真正作用及其与语言教学之间的辩证关系。其间，我提交了课题研究论文《翻译在英语“四位一体”中、高考复习中的功能探析》，在国家基础教育实验中心外语教育研究中心2000年12月9日至13日举办的结题大会上，被专家组评为一等奖。

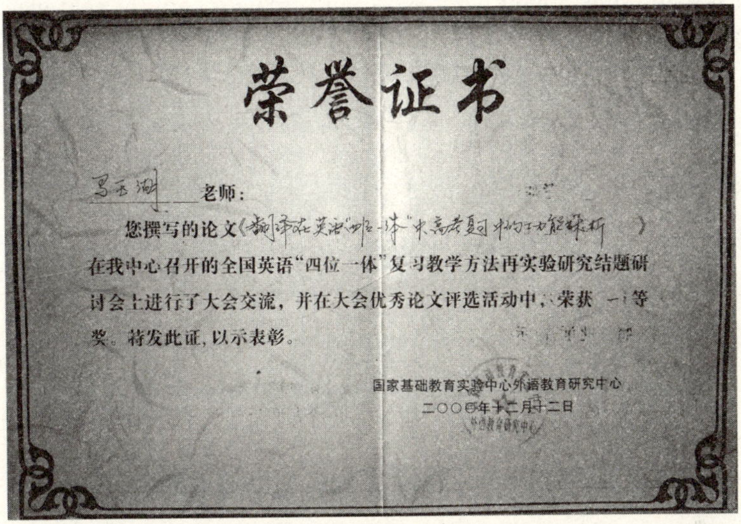

荣誉证书

马玉湖　老师：

您撰写的论文《翻译在英语"四位一体"中高考复习中的功能探析　》在我中心召开的全国英语"四位一体"复习教学方法再实验研究结题研讨会上进行了大会交流，并在大会优秀论文评选活动中，荣获　一　等奖。特发此证，以示表彰。

国家基础教育实验中心外语教育研究中心

二〇〇[illegible]年十二月十二日

《翻译在英语"四位一体"中、高考复习中的功能探析》获奖证书

基于最初的课题研究，十多年来，我致力于翻译在高中英语教学实践中的功能探索，由此发现，翻译在英语学习中有利于把英语读写文本中的重点、难点、疑点等语言知识，通过语言方式的转换与整合，将零散的语言知识重新关联，举一反三，在锤炼学生所获得的语言知识的基础上促思融会，提升其语言技能。在英汉两种语言的转换和比较中，母语的正迁移得到融会，负迁移得到有效吸收和转化，这样可以唤醒学生的语言意识，使其建构英汉双语思维，遵循各自的语言规则，按英汉两种语言的表达方式和结构特点，自觉地学习和运用知识，形成口头、笔头语言表达和交流能力。探索和实践表明，翻译在英语学习中主要有以下基本的功能特征。

第一种功能，翻译是语音、词汇、语法、语义的聚合体，是英汉句式融会形成英语表达的有效途径。例如：

T：Hello，class，how can you translate this Chinese sentence "我想他们现在该到了"?

S1：Let me try，sir. I think they should have arrived by this time.

T：Well done. Thank you. Who can translate another sentence“我看他不可能解出这道题”，please?

S2：I don't think he can work out this problem.

S3：I don't believe he can solve this puzzle.

S4：I don't feel he will be able to deal with this difficult matter.

S5：I consider it impossible for him to solve this difficult problem.

S6：I suppose he is unlikely to settle this matter.

S7：I don't imagine he is likely to have this puzzle done.

S8：I'm sure he is unable to tackle the difficult problem.

S9：I'm afraid he won't be able to have the difficult thing done.

……

在一连串的语句表达中，学生把一句汉语翻译成许多英语语句，把“看”译成 think、believe、suppose、consider、feel，以及 be sure、imagine、be afraid 等；把“解出”译成 solve、work out、deal with、do 等；把“不可能”译成 can't、impossible、unlikely、not…likely、not…possible 等；把“题”译成 problem、puzzle、question 等。学生运用多种英语语句表达一个简单的汉语语句，选用英语所需要的不同人称、谓语动词等进行表达。这是因为在英汉语言的转换过程中，我强调和鼓励学生勤动脑，尝试用多种思路表达英语，促进知识和技能的融会。

紧接着，当我出示“It ________ to me that it is ________ for him to work out this puzzle.”的填空题时，在英汉句式对照和分析中，学生面面相觑，随后默不作声地寻找新途径进一步翻译表达。不难看出，这道填空题除了“work out”与汉语的“解出”对应外，其余词语均在汉语句子中寻找不到对应的词语，用汉语对照词语进行对等翻译也难以完成。

这时，学生排除汉语思维，从所提供的英语词语中寻找关系。学生从“It＋*v.*-…that＋it＋be…to do sth.”中进行句法结构分析，根据联想，从“appear to sb.”的词语搭配与“*adj.*＋for sb.”之间的词语搭配关系中寻找答案，又确定了 appear 的时态，填词形成句子“It appears to me that it is impossible for him to work out this puzzle."

学习英语，在借助母语作为媒介的同时，学生要尽可能拓展英汉词语交融中的区域义，以翻译为引子和桥梁，运用英语去思考，形成英语思维。乔姆斯基(Noam Chomsky)在他的转换生成语法中解释说，要真正懂得语言就不能只从语言的现象去分析，而要把语言看成人类思维方式的一种反映；同时，他提出语言有两层意思：深层结构，即思维模式；表层结构，即表达思想的语言句子。语法不是表层结构本身，而是语言使用者从深层结构生成表层结构的规则。由此可见，这一英汉语句中的思维转换，正好验证了他的"转换生成语法以有限的规则系统和原则系统生成无限的句子"这一理论。

我用一个简单的汉语句子，促思融会，激发学生的想象力和发散性思维，使其运用知识链生成众多英语语句，最后以一道填空题结束语言思维转换的演练。学生认识到，英汉语言在表达一种概念和意义时并非是一对一的词句对等关系，而是需要从英语语言的结构特点和表达方式上寻找途径，遵循语言的表达规律和习惯搭配，从中锤炼语句，内化结构，形成规范英语，构建双语思维。

第二种功能，翻译能启动语言思维转化的媒介，开启英文写作表达的门户。

全国高考英语一直使用汉语提供写作背景和信息要点，以短文、提纲、图表等形式命制书面表达；按照话题或主题，用汉语为引线启动英语思维，激发考生联想，使其活用词法和句法等；以"翻译"启动考生联想，使其融入已有的学习、生活及文化元素，完成指导性英语写作。

书面表达围绕某一话题提供情景和信息要点，促使考生展开合理的联想，拟订主题，写出一篇"语篇连贯、逻辑融通"的 100 词左右的短文。

就一般学生的整体语言思维水平而言，依据高考英语书面表达所提供的表达内容，写出 100 词左右的短文应该不存在篇章逻辑构思等问题。然而，书面表达首先要解决的问题应该是词法和句法，即词句的正确运用，这就涉及英语表达中的核心问题。

下面以“2014年新课标卷Ⅱ书面表达”为例加以说明。

【写作要点】

一家英语报社向中学生征文，主题是“十年后的我”。请根据下列要求和你的畅想完成短文。

①家庭；

②工作；

③业余生活。

注意：词数100词左右；可以适当增加细节，以使行文连贯；开头语已为你写好。

I often imagine what my life will be like in the future. ________

【汉语铺垫】在书面表达中，很多学生用英语词序，结合汉语逻辑思维来构思打腹稿，开启写作。

例如，“我是28岁在十年后，我会有一个幸福的家庭，五口人，包括孩子、我的妻子和我的父母”；围绕“工作”联想为“作为一名工程师，我工作在一家电脑公司，我的工作是具有挑战性的，我做得很好”；围绕“业余生活”联想为“有很多有趣的活动在我的业余时间，游泳、爬山、玩篮球；读书也是我的最爱；在节假日，我们去旅游，父母和孩子在各地，我们国家，世界”。文章“结尾”构思为“我一定会努力，我的生活在将来会更加丰富多彩”。

【分析说明】用汉语的表达规则来衡量，这段文字既不地道也不符合汉语习惯。实际上，不仅不地道，而且完全是用汉语表达将要写的英语词句及语序呈现出来，目的是用汉语尽可能地表达出所要写的英语词句，把汉语变成“英语单词”，以使英汉语词序基本吻合。在写作过程中，这些学生不能直接用英语思维，而是用汉语思维，用汉字写词句，使无形的思维有形化。这样的构思和思维会导致学生的书面表达错误百出，得不到高分。这种做法在培养书面表达能力中是不可取的，也是行不通的，因为在高考中没有时间去这样构思。

【英语主导】在写作过程中，启动语言思维转化这一媒介，根据汉语背景和所限定的信息要点展开词语联想，结合背景提示和表达内容之间的关系和结合点，运用语言逻辑思维，融入文化元素，围绕“家庭”联想家庭成员所涉及的词语，从“工作”拓展“职业”属性所涉及的词语，从“业余生活”联想对应的文化场景所涉及的词语，从而按词语的词性特点构思，从句型和句式拓展入手，以英语思维主导运笔表达。

信息要点	联想与拓展
家庭(family)	husband or wife，child (son，daughter)，parent(s)，even grand-parent(s)
职业(career/work/job)	teacher：teach，especially in a school…
	scientist：work in science…
	engineer：design or build roads，bridges，machines…
	astronaut：travel and work in a spacecraft…
	…
业余生活(in one's free/spare life)	read，play，travel，swim，climb mountains/hills，play basketball/volleyball/badminton，play the piano/the violin，etc.

书面表达结构：要点＋结构＋逻辑＋语法＋亮点。

信息要点要突出翻译，勾勒词句。一般命题只提供几个写作要点，在文章中必须体现这些信息词语。写作表达须围绕主题和突出要点。要点一般是书面表达的核心内容，学生要围绕中心，合理进行联想和语言拓展，使要点表达周全、完整。

语篇凸显“观点—要点—总结”结构，让人一目了然。开头要突出主题，开门见山，简单明了。后续段落要经过论述，得出结论，加以升华，提出希望或建议等。

写作时运用“逻辑衔接词语”。语篇结构可以运用语义衔接词语，也可以运用表示递进、转折、总结的逻辑词语。表示递进的词语除了first、second、third、finally等，还可以使用更高级的词语，如first of all、in addition、what's more、moreover、in a word、all in all。逻辑连接词要体现文章表达的具体思路。

语法涉及基础知识。行文注重词句的使用，变换时态和语态，需要运用高中时所要求掌握的语法基础知识。

书面表达要达到上述所有要求。段落结构要清晰，要点表达要周全，逻辑词语运用要恰到好处，避免语法错误，并运用较高级的词汇、句型以及修辞，比如，强调句和倒装句能使文章更加完美。

【参考范文】

I often imagine what my life will be like in the future. I think my life will be very different in ten years. I will be twenty-eight years old by then. I will have a very happy family, probably with a lovely child, my wife and my parents. As an engineer, I'll work in a computer company. Although my work is challenging, I'll do a good job in whatever I do. In my free time, I'll have various interesting activities, such as swimming, mountain-climbing and basketball games, besides my favorite books. On my holidays, I'll travel with my parents, wife and child in our country and around the world. In a word, I'll try to work so hard that my life may be more colorful in the future.

第三种功能，翻译集译、说、听为一体，是转换信息的有效手段。

一是利用译文，练习口语。文本教学能帮助学生积累语言素材，将文本译文转化为口语练习，还能使学生获得意外的收获。口语在英语学习中起着重要的作用，口语跟不上，英语水平就难以提高，还会导致哑巴英语。利用译文，口译成英语，等同于复述文本，既做口译又练口语，可谓一石二鸟。

二是互换角色，口译对话。学生三人一组，模拟翻译，一人说汉语，一人说英语，另一人扮演外国人做翻译。练习一段时间后，学生互换角色，互相学习，取长补短。在缺少外语语境的情况下，这样做可以帮助学生迅速提高语言敏感度，提高表达能力和应变能力。这类似于听广播、看电视或开大型会议，把所听内容进行口译，转换成英文，等同于同声传译的初级阶段。

广东省高考英语听说考试的“Part B Role-play(角色扮演)”要求学生观看一段长约两分钟的视频片段，明确自己需要扮演的角色以及要完成的任务。试题以汉语呈现，需要考生表达成英语；紧接着，学生听音频；最后回答5个问题。整个角色扮演是在看视频、翻译成问句提问、回答的过程中完成的。

由此可见，在英语学习中，适当运用翻译会促进学生语言技能的形成和发展。因为翻译具有其自身的独特功能，可以帮助学生进行英语表达并获取信息的精髓，达到语言交际的目的，同时伴随着英汉双语水平的提升。学生处于汉语母语环境中，要想从母语思维所束缚的语境中挣脱出来掌握目标语言，就必须让母语得到有效的迁移，创造条件使英语与汉语之间得到有效的语言结构转化和语意转化，形成双语思维，从而进入理想的语言学习境地，从英汉融会中收获喜悦。

四、词块在词句整合关联中巩固

学英语，离不开单词，而单词又不好记。记住了一个孤零零的单词，却又有很多固定搭配，真是记了忘，忘了记，苦不堪言。尤其是常用单词，搭配多，用法杂，容易混淆。常用单词除了有最基本的词形词义外，还有词与词的搭配构成的短语和习惯用语等这些数量不等的同源词块，成为意义独立的语言单位，构成庞杂的英语词族。如果创造条件让学生从知识性、系统性和应用性的角度将这些使用频率较高的词语加以整合和关联，激发其联想思维，生成词句，归纳概括，不仅能丰富学生的词汇量，还能帮助其形成基本的词汇链，以便融会应用，内化而形成语言技能。

为此，在教学中，我就某一常用单词给学生分配任务，使其从多种角度透视单词的结构和搭配用法，认识词块，活学活用，巩固词语。下面请看有关make的实例。

(一)透视词语　领悟搭配

到底什么时候用 make，什么时候用 do？如果基于学生的知识结构，从 make 在不同使用场合所构成的词块中认读，他们就能从“创造某物”与“使用某物”所构成的词块中理解并内化 make 的含义和用法。

表 4-2　make 和 do 的搭配用法对比

“make＋名词”的搭配	“do＋名词”的搭配
make coffee，make an appointment，make dinner，make a mistake，make a suggestion，make a phone call，make a booking，make a decision	do some reading，do the dishes，do a dance，do your job，do a task，do exercise，do your hair，do an exam

在教学中，单词常被当成独立的语言单位来死记硬背，而对语料库的研究表明，生活中大约 70％的口语是由经常一起出现的单词所构成的，它们因经常一起出现而形成固定的词块。在语言学习的进程中，我带领学生适时综合、比较、归纳和再构学习中不断出现的词块，如 make、do、study、work、take 等常用动词，以及 in、on、at、of、with 等常用介词所组成的词块，从结构特点和用法上引导他们归纳、总结和表达；同时设定某一主题，使学生运用形象思维再构与表达，运用创造与想象来编织短文，促使其语言输出能力的提升，使其比较准确地用词组句，表达思想。

(二)整合词块　透视规律

就 make 而言，它是极其普通且又被广泛使用的英语单词，它形成词块并构成特殊的用法，使学生困惑和费解。但是，如果从 make 所形成的词块特征中解读其用法，便会易学易用。

任务 1：从“make＋宾语”的结构中提取相关词块，并加以转化。

①make an apology＝to apologize 道歉；make a promise＝to promise 许

诺，约定；make an answer＝to answer 答复，作答。

【归纳】make＋a/an＋动作名词＝动作动词。

②make a speech 发表演说；make a decision 做出决定；make a plan 制订计划；make a trouble 闹事，捣乱。

【归纳】“make＋动作名词”表示做该动作。

③make a good wife 成为一位贤妻；make a good student 成为优秀生。

【归纳】在“ make＋某一种人”结构中 make＝become/be，表示将成为某一种人、将发展成为某一种人。

任务 2：根据“make＋宾语＋宾补”的结构，归纳相关词块。

make oneself understood/known/heard“使自己理解/知道/听见”。

【归纳】宾语后要跟名词、形容词、过去分词和不定式作宾语补足语。

任务 3：从 make 与常用介词 from、of、out of、into 的搭配中寻找规律，剖析词块的结构及意义。

①make…from＝be made from，表示原材料发生性质改变，意思是“用……制成”。

②make…of＝be made of，表示原材料未发生性质变化，意思是“用……制造”。

③make＋职业名词＋of sb. 意思是“把……培养成……”，如 make a doctor of his daughter“把女儿培养成医生”。

④make…out of 意思是“用……做”。

⑤make…into＝be made into…意思是“用……原料做成，使……转变成为”。

任务 4：由 make 构成的“形似意异”的词块有许多，请分析和对比以下常见词块。

①make out 填写，理解，看出，证明；make out of 用……做，从……得出、了解。

②make up 组成，弥补，编造，决定；make up of 由……组成；make up for 补偿，赔偿；make up to 接近，巴结，补偿，向……求爱。

③make way 开道，让路；make way for 让位，让路给；make one's way 行进，自力更生；make one's way in the world 成功。

(三)文本构建　活学活用

我引领学生梳理常用单词及其词块后，大部分学生思路清晰并扩大了知识面，但有少部分学生觉得增加了他们的记忆负担。针对这一现象，我引领学生围绕身边的某一话题、趣事或趣闻进行热议，设计主题，勾画情境，融入似乎毫不相干的单词和词块，激发学生的联想，使其创编短文。这样，一石激起千层浪，学生会获得意外的学习效果。当然，根据实际教学需要，我会将创编的短文作为引子，将文中涉及的单词和词块省略，让学生根据上下文填空，这又会进一步锤炼词句，促思融会，使其语言思维更加敏捷和顺畅。

任务：请运用与 make 相关的词块，围绕"城市环保"主题，展开联想，写成一篇英语短文。

【参考范文】

In order to make the city where he lives a technologically-modern and environmentally-friendly one, Mr James often **makes a speech** at the request of the mayor on the square, trying to **make himself understood and well-known to** the public. Many citizens come to listen to the encouraging **speeches he makes** every day. Gradually they get to **make out** and **make up their minds to** protect the environment from being polluted where they live. Meanwhile, they all feel it is possible to make a highly-developed and environmentally-friendly city so long as they take actions now. So James believes he will be able to **make his way** in the world.

(四)理论支撑

语言学家桂诗春认为，词汇和语法不是截然分开的，教语法不能只讲一般的规则，教词汇也不能离开语法的制约。行为学理论告诉我们，对于一门学科的掌握，最有效的方法是，10%的时间用于学习，70%的时间用于反复练习实践(动笔、思考、写作)，20%的时间用于总结、思考、形成体系。因此，为了培养学生的综合、比较、概括、归纳、演绎和分析等思维能力，我引导学生将make学习中的碎片知识编织成知识网络，创造语境，运用想象力和发散思维，让词汇、句型、意念等与情景、功能相融合，让知识与技能相融会，形成英语词汇的知识结构体系，为进一步学习服务。

(五)教研成果

我撰写的《谈谈make的用法》曾刊登于《中学生学习报》。文章从make的基本用法、相关句型及其转换、习惯搭配等角度，结合高考和教材撰写。经过多年对make的探索，我不断加入新元素，基于“促思融会”的理念，引导学生从点、线、面等知识碎片中整合和关联，形成词、句、篇的有机统一体，以此锤炼学生的语言思维，提升其词语的运用能力。

类似的文章还有：《浅谈“否定词NOT＋其他词”的习惯搭配》刊登在《英语考试向导》上，《as if用法透视》刊登在《英语辅导报》高二版上，《句式归类》刊登在《英语周报》高二人教课标版·广州专版(2008—2009学年)第34期上。

五、双语思维在书面表达中锤炼

众所周知，一个人一旦掌握了电脑硬件和软件的使用及其运行模式和操作原理，就会熟练地组装、拆卸电脑，安装软件，启动程序，从而使电脑运行、联网，连接虚拟世界，用于学习、办公等。同理，一个人一旦掌握了英语，熟悉词法和句法，启动大脑语言思维机制，就能针对语言测试任务，运用语言知识和技能，结合语境，注入思想情感，自由切换词句，进行口头、笔头交流，尤其是书面表达。

（一）写作备考模式的创建

从2007年起，广东省高考英语采用“基础写作”题型考查学生的语言基础和写作技能。多年来，高考英语基础写作命题体现着语言测试的时代性和创新性，对知识和技能所采用的考查方式与检验电脑组装技术有异曲同工之妙。基础写作要求学生根据汉语背景提示和信息要点推导句型和句式，根据词法和句法的表达形式和结构特点组词造句，运用语篇衔接词，完成一篇“句子结构准确，信息内容完整，篇章结构连贯”的英语短文。

基础写作用“只能使用5个句子表达全部内容”的要求限定写作句数，没有规矩不成方圆。高考命题有着特殊的思维方式，每类考题都有其考查目标和设计目的。该题型反映了时代特征，体现了时代的发展需求。21世纪，科技发展，知识更新，信息技术颠覆了人们对时代发展进程的预测，一切来得迅雷不及掩耳。电脑、智能手机、网络、无线网络、微信等科技，覆盖各行各业、各家各户，信息变得易获、易用、易通。与此同时，英语技能的测评方式和考查手段也随着时代的发展，创新而孕育出新题型，以此评价和测试学生的语言知识和技能。

在英语学习过程中，学生一旦掌握词法和句法等语法知识，活化为技能，针对试题所提供的背景和有限的汉语信息，整合词语，关联句式，组合信息，完成基础写作时就可以得心应手。基础写作所具有的电脑“组合性”和“组装性”特征，就是英语词句结构之间的“切换与转换”，呈现出一定的规律性。在考场上，学生根据汉语背景提示和信息要点，确定英语所对应的信息词语，或翻译或表达，根据词性特征寻找对应的句型和句式，写成一篇理想的英语短文。根据这一理念，在高考备考中运用典型的真题进行演练，可以帮助学生厉兵秣马，增强信心。

在高考备考中，学生在进行只用汉语提供信息点、信息块这类写作题型的演练时，写出的英语句子存在众多语法错误，诸如成分残缺、搭配不当、重复赘余等。但他们却能针对同一个汉语信息词给出种类繁多的表达。因此，我借助学生能够进行多样表达这种已有的能力优势，不断地启发他们运用比较规范的英语词句来表达，在词句形成的上下文添加关联词，构成语篇，完成短文。在此基础上，我撰写的论文《透视高考英语基础写作，探究答题技巧与备考启示》发表在《英语周报》高三人教版・广州专版(2008—2009 学年)总第 2935 期和总第 2936 期上；《基础写作实例演练》发表在《英语周报》高一新课程版・广东专版(2007—2008 学年)总第 2891 期上。

(二)写作备考模式案例

下面用 2008 年广东省高考英语基础写作试题的课堂演练加以说明。

你很荣幸地成为 2008 年北京奥运会的一名志愿者，负责编写奥运比赛项目的英语介绍。

【写作内容】

请根据以下中文提纲，编写射击项目的英文介绍。

背景：射击最初只是生存手段，19 世纪末才发展成为一项体育运动。 1896：第一次成为奥运项目 1904：中断 1928：中断 1932：重回奥运会 1968：第一次允许妇女参加奥运射击比赛 现状：稳步发展，1896 年奥运会只有 3 项射击项目，现今有 17 项

【写作要求】

只能使用 5 个句子表达全部内容。

【评分标准】

句子结构准确，信息内容完整，篇章结构连贯。

【表达策略】在汉语所提供的信息要点中，只有“背景”是一个句子，提供了完整的信息，其余都是信息点和信息块。写作时，学生在对各类信息进行整合时，可以运用“表达词语，连词成句；加关联词，连句成篇”的写作备考模式，激活语言知识思维链，从多角度针对信息要点选词用句，加关联词，组成语篇，完成短文写作。然而这一切都需要有扎实的词法、句法等语法知识作为支撑，并应用适当的语言逻辑来整合信息。

不难看出，这则提纲写作命题提供了情景和写作要点，学生只需要运用所掌握的语言知识，借助汉语背景提示词和写作内容要点，就可以从汉语思维转换为英语思维，直接用英语表达词句。

学生针对写作内容，运用所想到的词句，在写作时从词语及其语言结构出发，在汉语所提供的背景和信息要点的基础上确立文体、人称、时态，有针对性地采用多种语言表达形式，运用词法和句法功能，激活语言逻辑思维，写成一篇结构连贯的英语短文。

“表达词语”是指考生针对汉语所提供的背景和信息要点，发挥想象力，围绕词语进行联想，构建词语网络，为表达语句作铺垫；“连词成句”是指考生在词语表达的基础上，选用句式、句型或惯用表达方式，组词成句，锤炼语句，生成语篇。

在独立学习和小组学习的基础上，我引领学生开展全员学习，根据写作内容，尽可能地激活学生的发散性思维，以词语所辐射的句式、句型实现语句表达，再运用语句之间的语言逻辑关系，采用衔接手段完成基础写作。

【表达词语 1】第一要点“射击最初只是生存手段，19 世纪末才发展成为一项体育运动”这一完整的汉语句子提供了写作内容，为英语表达提供了信息语块。在演练中，学生围绕联想到的与汉语词语和概念相关的任何英语单词或短语，尽可能地用英语语句表达。

①“射击”，可以用名词 shooting 和动词 shoot 表达。

②“最初”可以用副词 first，介词短语 at first、at the beginning/in the beginning 表达，也可以用形容词和副词 initial/initially、primary/primarily 表达，还可以用动词和副词 originate/originally 表达。一个汉语词语，可以用英语的副词、介词短语、形容词和动词等多种形式来表达。这么多词语，是学生在独立表达、合作表达和教师引领全体学生表达，并查阅词典和网络资源中完成的。

③“只是”可以用 only、merely、just、no more than、simply 等表达。

④“生存”可以用 survive/survival、exist/existent/existence 等表达。

⑤“手段”可以用 means、tool、way、instrument 等表达。

⑥“19 世纪末”可以用 the late 19th century、at the end of the 19th century 等表达。

⑦“发展成为”可以用 become、develop into、change into、turn into、grow into、expand 等表达。

⑧“体育运动”可以用 sport、game、exercise 等表达。

【连词成句 1】从英语表达的特点看，汉英词句并不是一对一的对等关系，同一个汉字或词组可以用多种英语词语表达近似的语义。汉语的一种说法涵盖了丰富的信息量。我在表达过程中不断地鼓励学生进行联想，激活其发散性思维，使其想出多种英语词语。这样，基于单词及词性、短语及结构，就可以写出 6 种不同的英语语句。

①Shooting, only an initial survival tool, developed into a sport in the late 19th century.

②Shooting, which was no more than a survival tool in the beginning, grew into a sport at the end of the 19th century.

③Shooting, which was originated as a means of survival, developed into a sport only in the late 19th century.

④Shooting，originated as a means of survival，developed into a sport only in the late 19th century.

⑤It was not until at the end of the 19th century that shooting，originated as a means of survival，earned its status as a sport.

⑥Shooting，which was originated as a means of survival，didn't earn its status as a sport until the end of the 19th century.

【教师点评】学生使用的表达方式和结构特点表明，英语具有词句的多样性。第一句和第四句，运用简单句表达，语句简单但结构却不简单，第一句用同位语结构，第四句用非谓语动词结构；第二、第三、第六句运用主从复合句中的定语从句，结构复杂而严谨；第五句运用强调句，使非谓语句式显得更加复杂。从6种句子的用词特点上不难看出，各类词语都已用到，且不雷同。这说明学生只有积累词语，掌握句法，活用语法规则，才能很好地表达词句。然而，这一切需要建立在对课本知识的把握和对词语有效拓展的基础上，在深化学习中积极积累，熟能生巧，从而文笔生花。

【表达词语2】第二要点"1896：第一次成为奥运项目"，只有两个信息块，却能用不同的英语词语来表达。

①"1896"可以用 in 1896 表达。

②"第一次"可以用 first、for the first time、originally、in the beginning 等表达。

③"成为"可以用 become、turn into、appear、develop into、change into、grow into 等表达。

④"奥运项目"可以用 Olympic Games project、Olympic event、Olympic item等表达。

【连词成句2】这些词语可以表达成以下5种语句。

①In 1896 shooting became the Olympic Games project.

②Shooting first turned into one of the Olympic events in 1896.

③Originally shooting grew into an Olympic item in 1896.

④Shooting first appeared in 1896.

⑤Shooting became an Olympic event officially in 1896.

【教师点评】从学生表达的这些句子看，虽然都是简单句，但谓语和其他句子成分却不简单。谓语动词、表语、宾语都用各不相同的词语表达。汉语“第一次”仅在第一句中用了英语对等词 for the first time，其余则用副词 first、originally 表达；最后一句的 officially 与汉语“第一次”并不是对等词，但从逻辑上看，officially 胜于 for the first time 这种对应概念，只有在形成英语语感的基础上才能生成如此的语言表达。如果写不出，只要用对词语，表达正确，也足矣。

【表达词语 3】第三和第四要点“1904：中断；1928：中断”。在表达时，为了避免词语上的重复，可以用 interrupt、suspend、discontinue、break off 表达“中断”一词。

【连词成句 3】这些词语可以表达成以下 4 种语句。

①Shooting (was) discontinued in the 1904 and 1928 Games.

②Shooting broke off in the Olympic Games in 1904 and 1928.

③None were contested during the 1904 and 1928 Games.

④Twice in history (1904，1928) shooting was suspended.

【教师点评】一个汉语词语，学生用 4 个英语词语表达，含义略有不同，但学习初期，含义不同可暂且忽略。

第三和第四要点的重点在于时间状语的表达上，句子用不同的介词短语表达，较为贴切。

【表达词语 4】第五要点“1932：重回奥运会”。为避免重复，学生可以用 back、come back、regain、return 等副词、动词短语和动词表达“重回”。

【连词成句 4】这些词语可以表达成以下 6 种语句。

①Shooting was back to the Olympic Games in 1932.

②Shooting came back to the Olympic Games in 1932.

③Shooting came to the 1932 Olympic Games again.

④Shooting regained its status in the 1932 Olympic Games.

⑤Shooting returned to the 1932 Olympics.

⑥Shooting returned to the Games in 1932.

【教师点评】学生表达的这些句子没有前面的句子那么耀眼夺目，但亮点在于时间的表达，他们用不同的年代所构成的介词短语作状语。

【表达词语 5】第六要点"1968：第一次允许妇女参加奥运射击比赛"。学生在独立和合作表达中借助多种同根词和近义词进行表达。

①"允许"可以用 permit/permission、agree to、allow、consent to 等表达。

②"参加"可以用 join in、take part in、participate、compete、be in for 等表达。

③"比赛"可以用 compete、competition、contest、match、race 等表达。

【连词成句 5】这些词语可以表达成以下 6 种语句。

①It was agreed that women took part in the 1968 Olympic shooting for the first time.

②Women were first permitted to participate in the Olympic shooting in 1968.

③Women first got permission to join in the Olympic shooting in 1968.

④For the first time women were allowed to compete in the Olympic shooting in 1968.

⑤Women were first allowed to compete in the Olympic shooting in 1968.

⑥Women were first allowed to participate in the competition in 1968.

【教师点评】在第六要点生成的句子中，学生运用了较多的被动语态；第二、第四和第六句的谓语动词后的不定式作主语补足语，第一句中的主句谓语动词是被动语态。

【表达词语 6】第七要点“现状：稳步发展，1896 年奥运会只有 3 项射击项目，现今有 17 项”。要点信息内容较多，为避免雷同，学生可以用如下词语表达。

①“稳步”可以用 steady/steadily、stable/stably 等表达。

②“只有”可以用 only、just、nothing but、none but、no other than 等表达。

③“项目”可以用 item、event、project 等表达。

④“有”可以用 have、there be、exist、contain、comprise、be made up of、consist of 等表达。

【连词成句 6】这些词语可以表达成以下 5 种语句。

①As it develops steadily，shooting has reached as many as seventeen items now，but it contained nothing but three in 1896 .

②There were no more than three items of shooting，but with its steady development，there exist seventeen ones nowadays.

③Shooting has developed steadily from only three in 1896 Olympic Games to seventeen now.

④The sport has grown steadily from just three shooting events in 1896 Olympic Games to seventeen today.

⑤The sport has been growing steadily from 1896's three events to today's seventeen.

【教师点评】这五句话中，第一句学生用 as 引导状语从句，用 but 构成并列复合句；第二句也用 but 引导并列句，其余三句虽是简单句，但用到了结构复杂的 from… to 介词短语。

【加关联词，连句成篇】根据汉语信息点，学生运用多种英语语句表达后，我要求他们根据汉语背景提示、上下文的逻辑关系，结合英语语篇的特点，在“加关联词，连句成篇”的表达模式下完成英语短文。

在写作表达过程中，我除了要求学生根据汉语背景提示写出英语语句，还要求他们根据写作内容对词句进行结构性调整和语句重组，对时态、语态以及词语、句型做必要的改写，以适应写作所要求的文体。我让学生重新布局，按照相互关系，运用简单句、并列句、主从复合句、非谓语句式、介词短语和特殊句式进行语句整合；接着，让学生按照时间顺序、事件次序以及逻辑关系等理顺思路；要求学生按照上下文词句之间的关系和特点，调整结构，加关联词，连句成篇。最后，9个小组拿出9篇书面表达，并在我的引领下点评。因时间限制，我采用"多展一评"的方式，对全员公认的一篇佳作进行引导点评，之后整理成以下备考作品。

Shooting, which was just originated from a survival tool in the beginning, grew into a sport at the end of 19th century. In 1896 the sport became the Olympic Games project for the first time, but it discontinued in the 1904 and 1928 Games. Fortunately, shooting regained its status in the 1932 Olympic Games. In addition, women first got permission to take part in the Olympic shooting in 1968. As is known, there were no more than three events of shooting then, but as the sport develops steadily, there appear seventeen at present.

【教师点评】这篇在我引领下学生通过整理而得的备考作品，用5句话详尽地表达了写作信息要点，词句基本得体。从结构上看，第一句、第五句为主从复合句，第二句为并列句，第三句为简单句。语篇连接上用 but、fortunately、in addition、as is known 等关联词，语篇脉络清晰，语意表达清楚明了，行文逻辑自然流畅。

接着，我呈现两篇高考参考范文，引导学生透视高考，探究备考方略。

【参考范文1】

Shooting, originated as a means of survival, developed into a sport only in the late 19th century. The sport first appeared in 1896, but none was contested during the 1904 and 1928 Games. The sport returned to the Olympics in 1932. Women were first allowed to compete in the Olympic shooting in 1968. The spot has grown steadily from just three shooting events at the 1896 Olympic Games to seventeen today.

【教师点评】基础写作与书面表达的“异”在于“句数”与“词数”的限制。研讨高考范文，它们的区别便能凸显。基础写作的备考作品与参考范文的词数都不足100词，与书面表达100词左右的要求所有不同。基础写作要求学生根据汉语背景提示和写作内容，仅用5个句子忠实地表达信息；而书面表达则要求学生根据汉语背景提示和有限的写作要点，借助要点之间的逻辑关系，发挥一定的想象力，写出100词左右的短文。

分析高考范文，对照备考作品，从中获得启示，把握高考脉搏，我们可以看到，简单中隐藏着语句表达的复杂性，备考须在常用词句上下足功夫。这篇参考范文，第一句虽为简单句，却用过去分词，透视出非谓语是重点和难点，是考查目标。第二句为并列句，前一分句用隐现词appear表达“成为”，足见当时“射击”项目并不引人注目，用词精练；后一分句用none were contested表达“中断”，颇具匠心。第三、第四句均为简单句，词句运用颇为考究。全篇并未出现主从复合句这样的高级句式，但用词用句所透视出的启示是“简单中孕育着复杂，可以运用常见词语表达复杂意义”，可见，写作需要在常用词句上下足功夫。

最后，我引领学生欣赏另一篇范文，引导其体会高考的选拔性，提醒他们备考时必须在锤炼语言上下足功夫。

【参考范文2】

It was not until at the end of the 19th century that shooting, originated as a means of survival, earned its status as a sport. Shooting became an Olympic event officially in 1896. Yet, twice in history (1904, 1928) shooting was suspended at the Olympics. It returned to the Games in 1932, and women were first allowed to participate in the competition in 1968. The sport has been growing steadily from 1896's three events to today's seventeen.

【教师点评】在这篇参考范文中，第一句强调时间状语，复杂中更显复杂，体现高考是“选拔性考试”这一宗旨。第一句用 earned its status，地道精练；第二、第三和第五句虽为简单句，却使用了 officially、twice in history 这些词语，这启发了考生的语言逻辑思维，为其提供了想象的空间。基础写作并非英汉对称式的词句对译，而是要在具体语境下，灵活运用语言知识，适时发挥，以求语言表达的地道准确；第四句为并列句，但“允许”“参加”“比赛”三个词的表达在词、性、义方面已达到极致完美的地步。

这篇参考范文包含简单句、并列句和复合句。由此可知，要把写作命题中的信息和写作要点准确地表达出来，学生需要对简单句、并列句和主从复合句等语言结构，进行灵活掌握与运用；对非谓语动词、介词短语及其结构之间的语意表达和结构切换，做到心中有数，在“从简变繁”到“从繁化简”中活学活用。只有这样，学生才会在高考中按写作所提供的信息要点灵活表达，采用多种句式，表达语句，连词成句，按句与句之间的关系，运用关联词调整句子结构，完成写作。

我在高考评卷中发现，考生的答卷与高考范文相距甚远，范文的词句在考生答卷中并没有出现多少，却仍能获得高分，这是因为只要考生答卷符合命题要求，正确运用语句表达所写内容，就能抓住得分点。在备考中，学生不要过于迷信范文或参考答案，基于自己的写作水平，在对照范文中求进步，在进步的喜悦中坚定信念，在摒弃错误中找差距，在进步中日臻完善。

六、高考素养在学习探究中获取

1977 年 10 月 12 日，国务院批转教育部《关于 1977 年高等学校招生工作的意见》，从此高考英语恢复了。数十年来，高考英语经历了各省、自治区、直辖市自主命题，普通高等学校招生考试英语（MET）命题，全国普通高等学校招生统一考试英语(NMET)命题，部分省市自主命题的发展历程。2016年，除北京、天津、上海、江苏、浙江、山东、海南省市自主命题外，其他省区市都由教育部考试中心统一命题。

在备考中，我向学生简要介绍高考的发展历程，简述高考在发展过程中的招生情况、考试题型，尤其是当下的高考对备考的启示意义，从而让学生认识高考、理解高考；以我当年参加高考过"独木桥"的事例来激励他们，坚定其赢得考试的信心，使其探索科学备考的策略和方法，冲刺高考，赢得高考。

(一)认识高考的导向性原则

毫无疑问，高考是学生通向大学的必经之路。为了获得满意的成绩，学生总是把高考作为求学目标而努力学习。高考英语不断创新题型以检测学生的语言知识和语言能力，因此，高考考什么，教师就教什么，学生就学什么。

实际上，高考是一种评价体系，它一直遵循"立德树人、服务选拔、导向教学"所赋予的测试核心思想并不断前行。高考属于教育的环节，要顺应我国教育"立德树人"的目标方向，为高等学校，尤其是高水平大学选拔合适的人才，采用有难度的试题区分不同水平的考生。高考复习是一种"导向教学"，不论高中还是初中，甚至小学，教学都紧盯高考，高考成为教学的"指挥棒"。

(二)了解高考的目标要求

高考以"必备知识、关键能力、学科素养、核心价值"为考查目标来命题测试考生。学生需要经过长期的学习以获得知识储备，掌握基础知识和通用性知识，为进入大学学习奠定基础。高考是选拔性考试，其中60%的命题属于基础题。基础题的知识绝大部分源自教材。高考的检测方法和内容，都是以教材内容为基础的。学生只要熟悉教材内容，就容易获得基础分。高考的关键在于考查学生所学知识的运用能力，强调独立思考、分析问题、解决问题、交流与合作等适应未来不断变化发展的重要能力。所以，高考要求学生能够在不同情境下综合利用所学知识和技能处理复杂任务，能够具备扎实的学科观念和宽阔的学科视野，在答卷中体现出自身的实践能力、创新精神等内化而成的综合学科素养。

(三)处理好高考与教学的辩证关系

高考要求学生能够在知识积累、能力提升和素质养成的过程中逐渐形成正确的核心价值观，这充分体现了高考所承载的“坚持立德树人，加强社会主义核心价值体系教育”“增强社会责任感”的育人功能和政治使命。高考基于“基础性、综合性、应用性、创新性”的考查要求命题。命题要涵盖全面合理的知识结构、扎实灵活的能力要求和健康健全的人格素养；要考查学生综合运用不同学科知识、思想方法，多角度观察、思考，发现、分析和解决问题的能力；要使学生能够善于观察现象，主动灵活地应用所学知识分析和解决实际问题，学以致用，并具备较强的理论联系实际的能力和实践能力；要使学生具备独立思考的能力，具备批判性和创新性思维方式。由此可见，高考素养与教材奠基是一种辩证的关系。

第一，高考命题要求学生具备较高的英语语言素养。高考采用的标准化命题，涵盖考试大纲所要求达到的语言知识目标和语言技能目标。例如，从表面上看，英语阅读理解和完形填空仅仅是一种简单的“四选一”标准化命题，实际上它们却覆盖了课程标准和考试大纲所要求掌握的语言知识和技能目标要求。语言知识和语言技能的获得都需要通过对教材的学习而实现。在语言知识和技能获得的过程中，学生需要解读、解构、再构并内化，生成听、说、读、写、译的技能，形成语言能力、思维品质和学习能力等英语学科的核心素养，这样才能适应高考发展和题型变化的需要，在备考和冲刺过程中强化知识和技能，获得理想的成绩。

第二，高考的命题难度超越以教材为基础的知识水平。高考的阅读篇目具有语言鲜活的特点，在行文逻辑上具有一定的跳跃性和不可预知性，不经过相关阅读及相应答题技巧的有效练习，仅仅学习教材是难以适应高考的，因为高考选材与时代发展接轨，所选命题材料体现时代性和命题的创新性。这就是学生只学教材，高考考不出好成绩的原因所在。然而，如果不重视或弃用教材，仅以“题海战术”代替以教材为基础的深化学习，也是缘木求鱼，难以赢取高考。

第三，高考以教材为基础来测试学生的语言知识和技能。教学实践证明，只围绕教材而不关注题型，学生是不能取胜于高考的，偏离教材只抓高考更难获胜。为了使学生获得语言知识和技能，赢取高考，教师要按照教材的结构体系组织学生进行透彻的语言学习，夯实知识，培养技能，发展学生的语言思维品质和文化品格；再以高考目标要求为标准强化练习，避免过早采用标准化训练，造成知识与能力衔接中的断层，被高考的“标准化命题”牵着鼻子走。

实践证明，只要我们以教材为中心，夯实基础知识，培养学科素养和技能；以考试题型和考点为基础，与教材接轨，构建知识网络，形成知识框架，层层演练，就会学考双赢。从某种程度上来说，高考犹如奥运会比赛，每个项目虽然只需要几项比赛技能，但要夺冠获奖，除了具备炉火纯青的技术之外，还需要比赛者的良好心理素质和扎实过硬的本领。2016 年里约奥运会上，中国女排反败为胜打败强手塞尔维亚队最终夺冠。按照女排教练郎平的说法，“女排精神”就是“锲而不舍，敢拼敢闯”，获胜就是最好的例证。

第四，教材以培养学生英语听、说、读、写、译能力的全面发展为根本目标。教师要以反映自然、历史、人文、科学等的语言精华为基础，精选基于课程标准和考试大纲的英语语言知识和反映能力目标的语料，帮助学生掌握语言知识，提升综合能力，加强对不同文化的感知度和理解力，形成优秀的文化品质和英语学科素养；引领学生了解英美文化背景和知识，学习和汲取人类文化的结晶，注重培养和发展优秀文化品质，开阔眼界，从而实现外语教学培养全面发展的人的人才观。可见，教材不能也不会被教辅材料所代替，只有建立在教材基础上的语言学习、知识储备、能力拓展，才可能使学生完胜高考。

第五，教学需要以校情、生情和学情为立足点，整合知识以创新教法。有效利用教学资源是关键。高考60%的考题内容是以教材为基础命题的；因标准化所限，15%的考题依据能力命题；25%的考题是选拔性命题。可见，高考无情却有情。一份考题对每一位考生都是公平的，不论你来自何种家庭、哪所学校，不论重点高中、示范性高中还是普通高中，只要学生立于基础，努力进取，学习得法，策略得当，都可以在高考中获得好成绩。考试内容的改革，是高考改革的重点和难点。命题由传统的知识立意转变为能力立意，这已经成为考试改革的重点。高考考查学生进入高校学习的潜能，以基础文化素质和创新能力为主线，以考查学生的跨学科综合能力和学科知识运用能力为根本。把握好高考的改革方向和命题特点，就可以为考试增分。

在高考“指挥棒”的作用下，广州市英语学科开展教学方法和教学内容的改革。从20世纪90年代到现在，教师从教学设计、课型模式、有效教学等方面开展一系列的教研、科研，在课堂中采用启发式、讨论式、活动式和合作探究式教学活动，引导学生积极主动参与，这已成为课堂教学的主导价值观。学生参与课堂的程度、合作交流的意识、情感的变化与发展，以及评价方式呈现出多元化和多维度。

第六，高考英语命题的主导思想、考试题型指导着课程改革和教学改革。高考英语采用听说、完形填空、阅读理解、书面表达、语法填空、短文改错六种题型测试学生的语言知识和技能，调动和搞活了英语教育教学领域，带动了英语教学的变革与创新。

听、说、读、写、译五种语言技能在高考中全面渗透并得到检测，课堂上听、说、读、写、译技能优势互补，综合性技能演练跌宕起伏。例如，“译”在听说角色扮演中以翻译句子的形式引出对话。书面表达不是翻译却胜似翻译，用汉语提供背景和内容要点。在写作时，学生以汉语引出话题或主题，开启联想思维，运用英语词句及其语言知识，从翻译表达过渡到英汉不对等的词句表达，这充分体现了语言学理论倡导下的母语在外语学习中的正迁移的语言学习策略。

(四)高考英语的内涵与外延

1. 内涵：命题方式与备考方略

第一，题型多样，全面考查。高考英语有统一命题、省市自主命题等命题方式。相同或类似的题型有阅读理解、完形填空、语法填空、书面表达；不同类型的题型有短文改错(统一卷、浙江卷、四川卷)，听说考试(广东卷)，听力(全国乙卷、全国丙卷、四川卷、江苏卷)，听力理解(北京卷)，单项填空(北京卷、天津卷、浙江卷)，阅读表达(天津卷)，任务型阅读(江苏卷)。江苏卷的书面表达与广东卷的读写任务的命题形式基本相同。

高考英语以听力、阅读、知识运用和写作的形式命制试题。不论哪一类命题，都以阅读为主，分别以阅读理解、英语知识运用、完形填空等形式，通过阅读解构考查学生的语言技能。考查听力以听力理解或听说为主，考查词汇和语法多以单项填空、语法填空和短文改错为主，考查写作多用书面表达。整个命题的考查形式都基本建立在阅读的基础上，以阅读统领整张试卷。命题内容紧跟时代和社会发展的需要，贴近学生实际。

第二，万变不离其宗。高考无论采用何种考查题型，英语语言的“心”，即语音、词汇、语法、功能和话题等语言知识，在高考中是不会变更的，只会基于课程标准的语言知识目标要求而命制；然而，命题所考查的语言技能的“性”，即题型，是随着时代和社会的发展需要而变化的，淘汰旧题型，优化旧题型，或采用新题型。学生要结合教学内容，认真总结回忆语音、词汇、语法等语言知识，使之形成知识体系并简化知识体系，内化基本结构，深入思考和熟练获得听、说、读、写、译的技能，采用“一题多解”“多题一解”等方式演练，掌握考试答题方法和技巧，查漏补缺。在备考中，教师运用高考试题和各地真题，一题多用，改造真题，补充新元素，生成新任务；选用高仿真模拟题，要“形似”，更要“神似”，严格控制词汇量；做题、讲题、研题，做到务实，不练超纲题，讲练精品题，优化讲评效果，不搞题海战术。学生边做题，边识记，巩固与高考相关的词句和基础知识，这样就有可能赢得高考。

高考要发挥稳定或发挥超常，全依赖于高考时的精神振奋和十足的拼劲。学生在高考时精神十足、充满活力、反应迅速，才能灵活准确地答题，这些素质都来源于平时的心智修炼和答题习惯的养成。

2. 外延：心身素质

学生只有夯实教材基础并与高效备考接轨，高考时的“狠劲”才能与身体、学习融为一体。考试时把平时的“狠劲”转化为考试的“拼劲”，解答考题时大脑才会更灵活，反应才会更迅捷，学生对考试才有十足的把握，从而答好试卷。

要想做到这一切，学生需要具备自信心。自信心是一种独特的能力。自信心在高考中起着极其重要的作用。在某种意义上，它决定着考试的成败。获得自信心的方法有超越“极点”，至静、至纯、至强，静思到极致等，使用这些方法，学生就会不断获得自信心，增强自控力，发挥好脑力。

获得和增强自信心是一个长期努力和养成的过程。学生要想在高考中超越别人，平时就要不断地超越自己，增强自信心；妄图在高考的瞬间提高自信心，意义不大，可能性也很小。学生在高考时既不要刻意加强锻炼，也不要刻意改善心态，更不要刻意增强自信心，而要保持平常的心态，这样或许还能获得意外的考试惊喜。

知识积累到一定程度，学生就需要不断地梳理、归纳、简化与融会，这样，高考时，知识就会自然而然地变得更加灵活，学生答题也就更加得心应手。

考试技巧也非常重要，学生掌握得越好，就越能把平时积累的知识和能力发挥出来。每次考试，必须要尽力；每次考试，必须要总结。考试技巧，如答题顺序、准确性和速度，学生都要学会掌控，并学会如何“猜”陌生题目等。如此这般，学生就可以用一种畅游高考海洋的心态对待考试和应对考题，就会拥有饱满的情绪，营造出考试的佳境，学考相融，相得益彰。

高考并非终点，而是起点。正确对待高考十分重要。社会多元化，高考早已不再是“千军万马过独木桥”的时代，高考不应被过度拔高到一个不适当的高度。网络上有这样一条高考励志语：“有来路，没退路；留退路，是绝路。”这种标语的确很励志，但与现实相距甚远。高考很重要，但无法决定学生的未来，更不能决定其人生。学生只要努力奋进，认真对待，一切都会圆满。

七、高考成效在“补齐短板”中赢取

要让一个木桶盛满水，每块木板都必须一样平齐且无破损。假如木桶中的一块木板不齐，或有破洞，或有缝隙，木桶就无法盛满水，也盛不了多少水，这种现象被称为“木桶原理”。一只桶盛水量的多少，不是取决于最长的木板而是取决于最短的木板，这是“短板效应”。

根据木桶原理，学生要想在学业上获得成功，就必须把每门学科都学好，不分上下。一般而言，英语是不少学生的弱科，学科中的“短板”，然而学生普遍认为，学好英语所花的时间和所付出的精力要比其他学科都多，只好得过且过，想通过提高特长学科的成绩来弥补英语的不足。这样，短板就会越来越短，长板就会越来越长。这不利于高考升学，因为上名校、考重点，进本科、读专科，都有一定的学科成绩标准。中学是学习的基础阶段，学科“木板”太“长”或太“短”，都不是好预兆。

就英语学科来说，短板效应也很明显。有些学生英语整体水平不错，而对某些难学的语言知识却不愿投入太多精力。本来多读多练就容易掌握的知识，他们却懒得练习。不规则动词包含着规则，朗朗上口读动词，就易突破。难者不会，会者不难。我们把事情看难，它准难；看易，准易。知识和技能是一项系统化的培养工程，一通百能，一阻百停。语音不过关，再努力都是白搭。没有一定的基本语法知识，光凭培养语感，即使多听、多说、多练，也不能收到很好的效果。语法是英语学习的工具，勤于琢磨就易掌握。英语考试有各类题型，学生擅长一种题型，就能得高分；不会另一种题型，提高就缓慢；而一旦放弃，就成为“短板”；若把精力放在特长题型上，就会导致“短板效应”的出现。

懂得了木桶原理，就需要竭力补“短板”。一个人只要端正态度，树立信心，就没有不会做的事，也没有做不成的事。态度决定一切。积极向上的态度加上良好的方法，就能杜绝“短板效应”。针对学习中的“短板”，学生要查找“短板”的根源，思考症结，对症下药，查缺补漏，强化练习。

陈灼霞同学高中期间担任英语课代表。在课堂上，经常是我一边授课她一边在黑板上板书所听到的内容，为全班同学提供答案，有时还替我讲课。2004 年，她的高考英语成绩为 841 分(标准分)，名列增城市高考英语第一名、广东省高考英语第四名，被广东外语外贸大学录取，而数学是她的短板。2009 年，在广州市“一模”考试中，张丽梅同学，生物成绩排名倒数第二名，成为她成绩最低的学科，生物成为她的“短板”，而其他科目都是“长板”。我以陈灼霞的事例提醒和告诫她。经过诊断、找症结、查漏补缺，加上其自身的不懈努力和生物学科钟平芳老师的指导，她使“短板”成为“长板”，最终在高考中一举夺得 2009 年增城市高考生物总分第一名，被中山大学海洋生物专业录取。

2011 年，单芷颖同学在广州市“一模”考试中英语考了 70 多分，田野同学的成绩是 67 分，他们都感到大幅度提高成绩无望。然而，经过我亲自诊断、找短板、查漏补缺，并借助备考用书《广东高考英语命题解密与专题演练》，一一盘查知识漏洞和技能缺陷，对他们进行有针对性的训练，最终，单芷颖的高考英语成绩为 126.5 分，总分 546.5 分，达到全国重点美术院校录取分数线，为我校高考争光；田野的高考英语成绩为124.5分，被福建医科大学录取，毕业后在南方医科大学读硕士研究生，后又考入厦门大学攻读博士学位。

学生要仔细分析哪一门学科学起来最吃力，效果最不理想，哪一部分内容最难；要不断反问，找出“短板”的根源，努力让“短板”变得与其他“长板”一样长，不分上下，紧紧拦住要溢出的“水”。当然，这时学生首先要突破天赋、兴趣等制约因素，摒弃无法突破弱项科目以及知识难学的借口，克服心理障碍，清除不利因素，加倍努力，花时间弥补以前的缺陷。学生只要加倍付出，必然会收获理想的结果；感到力不从心，就向同学、老师求助，也一定会走出低谷。

木桶原理同样也适用于其他学科。学科总分，像木桶，分数最低的一科，决定高考最终的高度。英语如果是薄弱学科，学生就必须摒弃“与其花时间学英语，倒不如花时间把其他学科学好”的思想，端正态度，填补英语“缝隙”，补齐“短板”。事实上，人人都有“短板”，知“短”而努力加“长”，就能全面发展。

围绕高考，基于课堂教学，我发表了许多文章并获奖，具有代表性的作品有：

•《高考与英语教学的辩证关系》发表在2004年1月8日的《光明日报》上。

•《高考化现象及其英语教学策略构建》在2003年《光明日报》和《英语周报》共同举办的“高考英语二十年”有奖征文活动中荣获二等奖。

•2008年普通高等学校招生统一考试（广东卷）英语模拟卷刊登在2008年1月8日的《现代教育报》（高考周刊）上。

•2010年广东省高考英语模拟试题（七）刊登在《英语周报》高三人教课标版·广深专版（2009—2010学年）总第3007期上。

•2011年广东省高考英语模拟试题（八）刊登在《英语周报》高三人教课标版·广深专版（2010—2011学年）总第3060期上。

•2012年广东省高考英语模拟试题（六）刊登在《英语周报》高三人教课标版·广深专版（2011—2012学年）上。

·2011 年 7 月，我受邀到太原市参加全国中学英语新课程教学与评价高级论坛暨英语周报社第十四届全国编辑工作研讨会，荣获《英语周报》骨干作者奖。

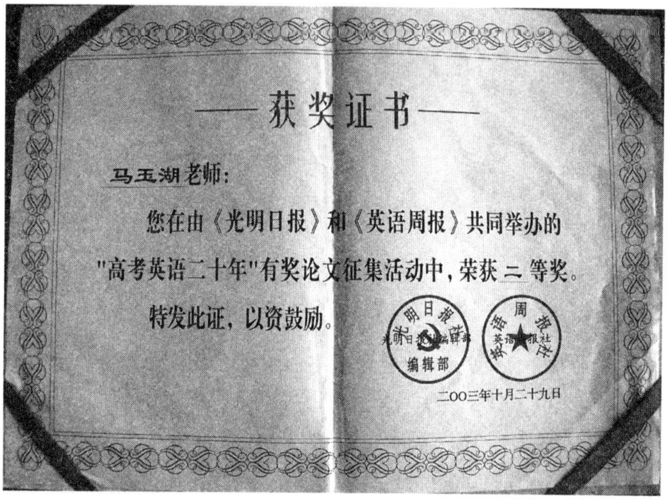
——获奖证书——

马玉湖老师:

您在由《光明日报》和《英语周报》共同举办的"高考英语二十年"有奖论文征集活动中，荣获二等奖。

特发此证，以资鼓励。

二○○三年十月二十九日

2003 年“高考英语二十年”有奖论文征集活动获奖证书

八、育人元素在试题命制中渗透

教书旨在传授知识和培养技能，而育人则重在培养学生的人生观、价值观和世界观，引导学生如何做人、做事、成事。教书、育人两者是因果关系，是互动关系，各自独立，融为一体。教书比较容易做到，而育人却难以实现。如何将两者合二为一，提升课堂教学中的育人作用，是教书育人的关键所在。

(一)命题依据社会背景

孩童将尿便撒入裤裆往往被人原谅，而 80 岁老人则被斥责；1 岁孩子不愁没人喂养，而 80 岁老人则会担心没人赡养。孩子怎样成长，老人则会怎样老去，这是自然法则。当老人遗忘往事，忘记如何吃饭，忘记如何说话，请以诚恳的态度善待他们，因为这是生命的轮回，是苍天赐予子女回报父母的机会。那么，我们应该如何珍惜、善待老人呢？人生哲理与轮回规律，是教育中的核心内容，强化不够往往会被忽视，教育方式不当又会起反作用。老人步履蹒跚、嘴流口水，则会被嗤之以鼻；老人衣冠不整，生活不能自理，被褥被尿便污浊，则会被儿孙嫌弃；老人被视为家庭的负担，成为家庭幸福的累赘。针对这种社会现象和待老现状，如何让学生提早认识到“善待老人则是善待自己”的人生哲理呢？

教育实践说明，除了用鲜活的事例呈现这一哲理，触及学生心灵、唤醒其良知外，还有一种更独特的方法，就是选材命题。高考紧扣教学目标，选择生动、感人肺腑的素材命题，使学生在答题中产生触动，荡涤灵魂，把所见所闻、所学所思以真情实感付诸笔端，把人生观、价值观和未来观描述出来。学生通过阅读与生活有关的语料，分辨是非，强化认知，净化心灵，感悟善待老人、真诚待人的哲理，并通过写作描述出来，让作品说话，呈现人类心灵的良知，从而学会规范自己的日常行为。

为此，试题的命制要符合学生身心发展规律，反映其思想动态，紧贴其学习生活背景，激发其情感，触及其洞察力，细雨滋润大地般地育人。试题的命制，是教学中的一项重要且复杂缜密的工作，既要体现学科知识和能力的培养目标，又要与学情、教情和生情相结合。试题的命制，既要考虑到在答题中学生注意力会高度集中，更加关注试题所测试的知识和技能；同时又要使学生对试题中包含的人文情怀等内容产生共鸣，发挥命题的现实意义。

(二)命题融入生活元素

命题是一项富有创新意义的育人之举。读写任务是广东省高考英语中运用读写结合考查学生写作能力的题型，以阅读短文、概括内容、围绕文章展开主题要点为主线，考查学生综合运用语言的能力。读写任务体现"真实性、思想性和科学性"的命题原则，写作内容以"情景真实、语言规范"为原则；通过篇章层面提供的真实语境，让考生综合运用技能完成短文写作。高考试题选材广泛，内容新颖，重视跨文化教育，旨在通过写作促使学生在语言交流中形成多元文化意识；阅读选材渗透英语母语国家的文化气息，能最大限度地反映学生在不同情境中运用语言的能力。

读写任务将"语境生活化、任务真实性、行为个性化"的设计理念渗透于命题中，促使学生发挥主观能动性，表达主题从而反映真实的思想。写作材料为学生提供有感而发的写作空间，体现人文关怀，能够区分不同层次和水平的学生。读写任务真实地反映家庭、学校、社会等热点话题，试图引起学生的心灵碰撞与共鸣，比较真实地反映其内心世界。

自主命题以来，广东省高考英语写作始终是一道独特的风景线。就命题思想和题目本身来说，总让人感觉到它处于自主命题省市的前沿，尤其是读写任务，采用读与写结合的方式，从阅读过渡到写作。这无疑是对学生英语读写综合能力的有效检测。多年来，读写任务所选的内容贴近学生的实际学习和生活，能让学生的知识能力与思想表达完美地结合。

（三）"关爱主题"贯穿命题

在参与命制"增城市 2008 届高中毕业班调研测试英语试题"时，我结合教学，参照 2007 年广东高考读写任务，遵循读写任务的命题原则和方法命题。我从星火英语网选取文章 *The Wooden Bowl*（《木碗》），改编成读写任务的阅读短文，以"关爱老人"为话题，设计写作要点。

阅读短文，概括短文，围绕话题，结合要点，学生在写作中发表个人看法，完成任务型写作。读写任务侧重考查学生转述他人观点、提出自我观点、论证所提观点的思维能力，从而考查学生的阅读能力、概括能力、思辨能力和较高的语篇布局能力。

请看下面的读写任务命题示例。

1. 短文选材

我从星火英语网选取文章 *The Wooden Bowl*，加工成阅读短文。

读写任务：阅读下面短文，然后按照要求写一篇150词左右的英语短文。

An old man went to live with his son, daughter-in-law, and four-year-old grandson. The family ate together at table, but his shaky hands and failing sight made eating difficult. Peas rolled off his spoon onto the floor. When he grasped the glass, milk spilled on the tablecloth. The son and daughter-in-law became angry with the mess. The son said, "I've had enough of your spilled milk, noisy eating, and food on the floor." So they set a small table in the corner. There Grandfather ate alone while they enjoyed dinner.

Since Grandfather had broken a dish or two, his food was served in a wooden bowl. When the family glanced in his direction, he sat alone with tears in his eyes. Still, the only words the couple had for him were sharp when he dropped a fork or spilled food. The grandson watched silently. One evening, the father noticed his son playing with wood scraps on the floor, and asked the child sweetly, "What are you making?" The boy responded, "Oh, I am making a bowl for you and mum to eat your food in when I grow up." He smiled and returned to work.

The words struck the parents so much that they were speechless. Then tears started to stream down their cheeks. The son gently led Grandfather back to their table. From then on, he ate every meal with them. Neither of them seemed to care any longer when a fork was dropped, milk spilled, or the tablecloth soiled.

2. 试题命制

我基于短文，命制写作内容。写作内容与阅读短文所反映的中心内容要相吻合。写作内容既要体现高中英语对写作能力的要求，又要符合教学过程和学习要求，所涉及的问题和要点侧重于考查教学目标，反映学生的知识水平和认知能力等，折射学生的生活画面，反映社会背景和热点，甚至是社会焦点。

【写作内容】

1. 以约30词概括故事的主要情节。

2. 以约120词对“关爱老人”这一主题发表你的看法，需包括如下要点：

(1)结合你的实际生活，谈谈在关爱老人方面，你平时是怎样做的；

(2)就老年人应该得到的待遇发表你的看法；

(3)就此阐述你的理由。

【写作要求】

写作中可以讲述自己的亲身经历，也可以虚构故事，还可以参照阅读材料的内容进行表达，但不得直接引用原文中的句子。

【评分标准】

概括准确，语言规范，内容恰当，篇章连贯。

3. 命题理念

读写任务要尽可能体现“真实性、思想性和科学性”的命题原则。阅读材料所反映的生活画面和内容符合高中生的认识水平，也与当时的社会背景相符合，与教材课文的难易程度相当。故事中“老人的境遇”反映的是西方家庭的生活场景，却也是我国社会生活的真实写照：人们在“追求三人世界的美好生活”时，往往忽视了老人，老人成为生活的负担或包袱。因此，选材与主题足以引起学生的共鸣，使学生从我做起，学会知恩图报，也可唤醒社会的良知，建立和谐社会，构建和睦家庭。

阅读材料虽然反映的是西方生活，但也从侧面反映出有些家庭的不和谐所造成的司空见惯的特殊人际关系，命题体现了“跨文化教育”。从阅读材料的内容看，故事情节完整、层次分明、分布合理，符合“科学性”的命题原则。

4. 设计理念

这一试题的命制足以让人感到其体现了“语境生活化”——“三人世界+老人”式的当今小家庭的生活画面。故事中，老人在全家用餐这一欢快的氛围中被遗弃，孙子在父母待爷爷的言行举止中自觉与不自觉地学会了为日后年迈的父母着想：制作未来吃饭用的木碗。看到这一幕后，父母才幡然醒悟，全家重回和谐的家庭生活。

命题让学生谈“在关爱老人方面，你平时是怎样做的”，这体现了“任务的真实性”。学生可以从自己的生活背景、人生经历或虚构故事入手，将“我”融入故事情节之中，这体现了命题“行为个性化”的设计理念。

5. 原料加工

读写任务所选的阅读材料一般不能拿来直接使用，必须按照考查目的和对象进行加工处理。*The Wooden Bowl* 原文393词，词数超量。我基于命题需要，保持原文的基本内容、语言特点和表达风格，对生僻词和语句进行加工处理，以满足绝大多数学生都能读懂、不超纲的命题要求。

6. 要点设计

写作内容是命题最重要的部分，涉及考查范围、考查目标等。设计写作要点要遵循课程标准和考试说明有关写作能力的目标要求和规定，结合教材，紧扣备考阶段的复习目标，要能够反映考查对象的知识水平和认知能力，因此命题要确保学生对阅读材料的熟知程度。

7. 答题设想

除了围绕“关爱老人”这一话题展开外，我还通过命题引导学生围绕话题进行多种联想。学生围绕“‘我’关爱老人”，联想到“为老人做好事”“给老人让座”“陪老人购物”“扶老人过马路”等；围绕“待遇”，联想到“老人的生活起居”；围绕“看法、理由”，联想到“老人过去的人生成就”“对子女的抚养”“对家庭的操劳”“对社会的贡献”等，甚至联想到“没有老人就没有我们自己，就没有人类社会”等。命题足以打通学生的语言思维通道，助其构思谋篇，遣词造句，避免脱离主题；同时让诚实、善良潜移默化地渗透到教书育人的过程之中，避免教条式的说理，让人人都形成最美的品质。

九、英语“易”性在探索中领悟

随着政治、经济、文化等信息交流的日益加深，英语已在国际上被广泛使用。英语从本族语发展成为被广泛应用的外语，有其历史成因，也有其本身的优势。英语的优势，有别于欧洲的其他语言，就在于它的简约性、易用性和普及性。

从英语学习的角度看，英语是由字母组成，以书写或印刷符号呈现，由词形词音转换成音标，拼读为单词，以词性特征或单词构成的短语构建句子，通过关联词连接形成“形合意显”、具有逻辑关系的语言文字。英语所具有的这些特征，体现在一个“易”字上，可用《易》来诠释。《易》，即《易经》，“易”为多义词，有“简易”“变易”“不易”三种含义。英语的“易”分别可以借用《易》的“简易”“变易”“不易”来诠释。

“简易”是说宇宙内的万事万物虽复杂，但复杂中有章可循，复杂总是起源于简单；“变易”是说世界上的人、事、物，没有一样是不变的，而是每时每刻都在变化的；“不易”是说万事万物随时都在变化，这种变化是有一定规律可循的，如“种瓜得瓜，种豆得豆”的因果规律。因此，英语“简易”的 26 个字母构成“变易”的 100 多万个词汇，“简易”的 48 个音标给“变易”的百万单词注音；英语有“简易”的 10 种词类，充当“变易”的 7 种句子成分，组成“简易”的 6 种简单句；句与句之间由“简易”的关联词连接从而构成“变易”的并列句，应用其中“简易”的简单句充当名词、形容词和副词，再构成“变易”的名词性从句、定语从句和状语从句；“简易”的“主谓”交换位置形成“变易”的倒装句；运用“简易”的强调词 it 构成“变易”的强调句，强调除谓语之外的所有句子成分。然而“简易”的定语或状语在任何句子中位置灵活多变，呈现“变易”性，形成复杂的句子结构。这些诸多的语言元素在“简易”与“变易”之间变化多端，然而始终都处于英语语言的“不易”规律或规则之中。不论单词和句子多“简易”、多“变易”，语言的变化都离不开各元素之间“不易”的变化规律。

我们掌握和应用英语语言的“易”结构及其变化规律，在语言思维的作用下，形成语言体系，孕育出语音、单词、短语、句子、句群、文段和篇章等，构成文章。可见，英语的语音、词法和句法等结构及其形式都是在“简易”“变易”“不易”三种语言特征及其规律的具体“易”性中变化、发展，从而形成庞大的英语语音体系、词汇体系、语言结构体系等的。

(一)识“易”性　化难为简

1. 词汇的“易”性

字母构成书写或印刷符号，音标为字母注音并拼读成单词，字母为显性而读音却为隐性。英语大约有 40%的独立词根单词，在此基础上，通过构词法衍生出约 60%的新词，组成 100 多万个单词。前后缀构成派生词(large→enlarge、wonder→wonderful)；两个或更多的词构成合成词 (air＋port→airport)；一种词类转换成另一种词类构成转换词(drink a cup of water→to water the flower)；多音节单词保留词首部分去掉词尾字母 (photograph→photo)，或保留词尾部分去掉词首字母(omnibus→bus)，或保留中间部分去掉其余字母(refrigerator→fridge)，或保留词的某些字母拼合(news broadcast→newscast)等多种方式构成缩略词；改变词根单词的元音或辅音构成曲折词(food→feed、speak→speech)，这样就组成了庞大的英语词汇体系。英语词族庞大，构词却简明。在四成词根单词的基础上，我们运用派生、合成、转换、缩略、曲折等构词法衍生出六成单词，这都具有“简易”“变易”的特性和“不易”的规律。

英语的“易”在词汇变化方面主要体现在“不易”特性的词根单词之中。例如，动词 vary 有“相异，多变，使多样化”等词义。它属于词根单词，具有“简易”性，字母少，拼读为[ˈveərɪ]，易读、易记；据此，在 var-上加名词后缀-ty/-ation、形容词后缀-ed/-ous 、副词后缀-ly ，衍生出多种相异的单词，呈现英语的“变易”属性。然而，词性和词义无论如何“变易”都脱离不出 vary 这个词根单词的“不易”性规则，所有衍生词都有“变”的“不易”含义。

表 4-3 词根单词 vary 的变化

动词	名词		形容词			副词	
vary	variety	variation	varied	various	variable	variously	variably
多变，变异	多样，种类	变化，变动	各式各样的	各种各样的	易变的	不同地	易变地

英语词汇积累达到一定程度，学生若要提高水平就要刻意学会一定的构词法，基于词根单词的“易”性，在阅读过程中运用单词的“简易”“变易”“不易”特点，通过分解、合成或合并来衍生词语，分辨属性，感悟词义，流畅阅读；在写作中运用词性的“易”性搭配特点，就可以组词造句，避免中式英语。

我编著了《广东高考英语命题解密与专题演练》。在“词义猜测专题演练”一节中，我指导学生围绕英语阅读，根据词语的“定义和解释、构词法、同义词或反义词，以及对比转折、同位语、因果、上下文线索，借助常识、词义搭配和举例”等在具体语境中探索词语的表达规律，推测词义，开展有效阅读；并指出“阅读时经常会遇到新词，难断词意，如果掌握了词根、词缀等构词法知识，熟悉单词的派生、转化、合成等构词规律，就可以猜测词义”。例如，“He fished out an old book from the bag. ”“I had first known she was wrong，that her anxiety had clouded her judgment. ”句中有两对旧词新义的单词，是由名词转化为动词的，属于转化法。fish 由名词“鱼”转化为动词，根据“鱼在水中游”的认知图式，结合语境可以推测或感悟出“(迅速)摸出，掏出”的词义；由 anxiety“焦虑”和名词 cloud“云朵，阴影”，就可以推测出 cloud“使模糊，使混乱”的动词词义。

语言学家在研究中发现，学会英语最常见的 1000 个词，就能理解一篇规范文字 80.5％的内容；2000 个词，89％；3000 个词，93％；4000 个词，95％；5000 个词，97％。平时看文章，我们大多不会逐词逐句地阅读和理解，只需掌握 2000 个常用词即可。《朗文当代高级英语辞典》(2014 年版)收录的词条、短语和释义达到 230000 条，但我们只要掌握其中的 2000 个常用单词就能使用这本英英辞典了。在庞大的百万词汇之中，掌握 2000 多个常用单词，日常口语和书写交际就有可能成功。正因如此，掌握了英语听、说、读、写的精华词汇，学生便有可能获得语言技能，培养语言思维，发展学习能力，养成语言文化品质，从事一般的英语口头、笔头语言交流。只要根据英语“易”的特征去学习，掌握英语“简易”“变易”“不易”的词类转化规律，学习英语就能事半功倍。

2. 句子的“易”性

根据传统语法，英语有十大词性，被分为实词和虚词两类。具有实在意义和独立充当句子成分的名词、动词、代词、数词、形容词、副词属于实词，有意义并与其他词汇搭配起语法作用的属于虚词，有冠词、介词、连词、感叹词。这些英语“简易”的十种词性，用以充当句子的主语、谓语、宾语、表语、定语、状语、补语及同位语，构成“变易”的句子成分。句子按结构可分为简单句、并列句和主从复合句，按使用目的可分为陈述句、疑问句、祈使句和感叹句，按用途可分为强调句、倒装句和特殊句。

按词性和成分的“简易”属性，不同词性的单词可以构成主谓、主谓宾、主谓双宾、主谓宾补、主系表和“There be”六种简单句，呈现“变易”的句子基本结构。某两句或更多的句子由并列连词连接，构成并列句；在此基础上，某一句或更多的句子起名词的作用构成名词性从句(包括主语从句、宾语从句、表语从句、同位语从句)，定语从句，状语从句，或与主句一起构成主从复合句；并列句又与主从复合句组合成并列复合句。由此，从句与从句之间又有并列、从属、让步、条件等关系，从句本身又可作为一个或多个从句形成语句，语句重叠，从句套从句，构成多重复合句，纷繁复杂。此外，“主语＋谓语”“主语＋系动词＋表语”等句子结构交换位置形成倒装句，运用强调词 it 强调除谓语之外的任何句子成分构成强调句，还有少数特殊句型。一切句式的“变易”都建立在“六种简单基本句型”的“简易”属性之上，以引起各类句式的“变易”。除此之外，根据用途或功用，句子又可分为陈述句、疑问句、祈使句和感叹句，呈现具体语言在语境中的表达结构和应用形式。不难发现，英语的语句从“简易”到“变易”转化，但不论如何变化，都是基于简单句的“不易”规则之上构成“变易”的种种句子的。

英语语句结构层次分明，而定语和状语的位置灵活多变，这导致句子变化多端。英语的句子内部、句与句之间以大量的连接词、引导词、分词和标点符号等相连接，构成一种重“形合”的结构性语言。而汉语句与句之间是靠内在关系结合在一起，构成一种重“意合”的语言的。比如说“躲得过初一，躲不过十五”，这句话在汉语中没有任何连词，而用英语表达则要译为“虽然躲得过初一，但是躲不过十五”。“虽然……但是……”这种形式上的连词使两个分句相连接，构成结构上的“形合”语言特征。可见，英语句法比汉语句法更具有逻辑性和严密性。英语语言规则和表达方式，在所形成的英语语言思维和语言体系运作下，与语境交互发生作用，就“产生”了英语的词、句、段、篇、章等；学生运用逻辑、修辞以及文化背景等就能开展英语口笔交际活动，体会语言交际的神奇功能和沟通魅力。

可见，英语从词性到句子，从句法结构到语篇都在“简易”“变易”“不易”之间转化。学生只要掌握语言“易”的特征和规律，熟读熟练，就有可能快速习得英语。

关于英语语言结构特征和功能用法，我在“句子结构导学练”(《高中英语写作导与练》第 9～35 页)中，进行了剖析和导练；我还针对五种简单句和“There be”结构以及主从复合句进行英汉结构对照和讲练，以此帮助学生认识和掌握英汉句子结构。

3. 语篇的“易”性

语篇是比句子更大的语言单位，是指句子的排列、句子间的衔接和过渡，以及段落的排列、段落间的衔接和过渡。语篇是由按照一定层次、有秩序地组织起来的段落构成的，每段的内容都是文章内容的有机组成部分。一个连贯的语篇需要具备语篇特征。语篇中各句是连贯的而并非孤立的，表达的是整体意义，而不是句子或语段意义简单相加成的意义。句子与句子之间、段落与段落之间、部分与部分之间是紧密地联系在一起的。

段落是构成文章的基本语言单位，一般由若干个结构合理、互相紧密联系、表达同一思想的句群组成。段落中的句子大体分为表达核心思想的主题句，以及支撑句和结论句。阐明主题思想时，段落往往用一个主题句概括主题，常置于段首(也可在句中或句末)；再用其他支撑句一一展开，对主题句进行叙述、说明或论证。在段落结尾处，我们常用结论句对段落的主题做进一步说明、强调或总结。主题句、支撑句、结论句就成为段落写作的基本要素，而在宏观上我们还要保证段落的完整性、主题的一致性、逻辑的连贯性。由此成文的段落，结构优美、形象清晰、整体感强。而这一切基本上体现在英语“易”的特性之中。

(1)段落中英语的“易”性特点

①As the English proverb goes, honesty is the best policy. ②For one thing, if you want to be trusted and respected by your friends, you must be honest. ③A liar is always looked down upon and avoided by people around him. ④For another, if you want to succeed in your work, the first qualification you should have is honesty. ⑤It is through honest efforts that Newton and Einstein became great figures in history. ⑥Therefore, whatever your aim is, you must work honestly to attain it.

本段可以简单地概括为“话题＋阐述＋结论”。句①为主题句，句②～⑤为支撑句，句⑥为结论句；段落中有话题、阐述、结论。

整段文字，语义清楚，结构明晰。词与词、句与句，都按照英语的词性和句子结构的“易”性表达。句①主题句由状语从句引出，主句点明段落的主题；然后用关联词“for one thing…，for another”分别引出两个条件状语从句，从正反两方面论证“诚实”这一主题；最后结尾句用关联词“therefore”加以强调，呼应主题句。话题及其意义的论述都是在简单句的基础上“变易”出多种语句来表达“主题”所涵盖的意义和内容的。

（2）段落的写法

展开段落时，我们需用细节对主题加以说明、解释和论述。常用的写作方法有事实与数据法、举例法、列举法、比较与对比法、分类法、因果法、定义法、叙述法、综合法和结尾法。

①Technology is making people lazy. ②Now when doing laundry, we switch on the washing machine instead of using our hands. ③We move on wheels instead of on foot. ④To calculate, we use the electronic calculator instead of our brains or abacus. ⑤Before the invention of TV, people walked miles in order to see a movie. ⑥But now we lie in bed enjoying TV programs right at home, showing no interest in the theater. ⑦Washing machines, cars, TV and some other modern inventions are keeping us away from exercise.

本段从一般到具体，运用演绎法展开写作。句①是主题句，归纳一种社会现象，语句的表达具有“简易”特性，是“主＋谓＋宾＋补”的简单句。句②～⑥是支撑句，呈现“变易”性，通过实例具体阐述科学技术的发展如何使人变得懒惰。5个句子都是简单句，具有“简易”性特征。句⑦是结论句，用“keeping us away from exercise”来表达，具有“不易”性，这既是对具体阐述的总结，又是对段落主题句“Technology is making people lazy.”的呼应。句子结构是“主＋谓＋宾＋补”，具有“简易”性。

(3)段落的连接

连接词除连接单词、短语、句子成分、句子外，还可在篇章结构中被用于连接段落。另外，重复某些关键词，如原词重复、同义词和反义词重复、上下义词重复、概括词重复、代词重复，可以增加段落内容的连贯性。篇章的连贯性可以通过过渡段的使用实现。过渡段通常对前面的内容做一些简短的总结，并对即将讨论的内容做简单的介绍。连接词和关键词起黏着作用，把各部分连接起来，使句子间的关系更加紧密。当然，英语的段落并非都这么简单，这里只是一般性的概述而已。

英语教学，其实是帮助学生发现英语的“易”性，使其更快、更经济、更轻松地学习语言，少走弯路，获得语言的真谛。教师应该根据学生的年龄和学习特点，编写“易”教材、“易”材料，使学生可以更易、更快地掌握英语的“易”规律、“易”规则、“易”表达，促思融会，活学活用。

(二)化难为易　突破英语语言关

学生在高考英语中应能根据所读文章进行转述或写摘要；能根据文字及图表提供的信息写短文或报告；能写出语意连贯且结构完整的短文，叙述事情或表达观点和态度；能在写作中做到文体规范、语句通顺。高考写作不论全国卷中的短文改错、书面表达，广东卷中的基础写作、读写任务，还是其他省市试卷中的任务型读写、短文填词、短文写作、阅读表达、完成句子、话题写作等形式的考查题型，都旨在检测学生的写作能力。

我们不难发现，高考写作命题强调综合能力的考查，在英语词句含义及其语篇等学习和知识获取的同时，着重强调语言输入、输出能力和基本写作素质的培养。要做到这一切，学生需要真诚地一步一个脚印地夯实语言基础，以通过高考测试所考查的知识和技能这一关。具体表现在以下几方面。

第一，过词汇关。词汇是语言大厦的建筑材料，没有建筑材料，再好的设计都无法成形；没有丰富的词汇知识作为基础，再好的思想都无法表达。因此，但凡在教材中出现的重要词汇，学生都需要结合单词的音、形、义及其词性、构词特点，能认、能念、能用、能组词造句，脱口而出。

第二，过语法关。语法是语言的组织法则，包括词法和句法两部分。写作时学生分清名词、动词、形容词、副词、代词、数词、冠词、介词、连词、感叹词，分辨主语、谓语、表语、宾语、定语、状语等成分，弄明白动词时态和非谓语动词等语法概念，十分重要。因为语法能使语言使用者监控和调整语言输出，遵循语言规则，更好更准确地遣词造句，达到交际和运用的目的。

第三，过句子关。句子是由词汇和短语依照一定的语法规则而构成，表达完整的意思或感情的语言单位。英语的六种基本句型构成句子变化的基本单位，属于简单句的范畴，就此衍生出并列句，以及名词性从句、定语从句、状语从句等主从复合句和并列复合句，还有倒装句、强调句，以及非谓语句、惯用句、特殊句等句型结构。这些都是听、说、读、写所必须具备的基础和条件，需要熟练掌握才能运用。因为它们是组成句子的基本部件，又是构成文章的基础元素，只因有了它们，英语句子才能变化万千、丰富多彩，才能自由灵活地表达思想、观念和情感。

第四，过语篇关。文章或语段不是单个句子的任意堆砌，而是句与句之间紧密联系形成的有机整体；句与句、段与段之间总是通过适当的连接手段联系在一起，形成语篇。实际上，语篇是一系列连续的句子、语段构成的语言体系。它必须符合认知、语用和语意原则，具有衔接性。句与句之间的排列要符合逻辑，上下文意思要连贯。篇章结构在句际、段际具有连贯性和对应关系，如照应、替代、省略、衔接等。这一切能帮助学生判断和推理句子之间的逻辑关系、语篇连贯等衔接手段，强化对语言的敏感度，从而提高阅读和写作技能。

连接手段相当于一种信号，具有提示作用，可以告知读者下文的去向和性质，帮助其推断下文的基本内容。因此，我们从提高阅读速度和准确度入手，就会写出语意连贯、逻辑性强、具有思想深度、高水准的文章。

第五，过思想关。学习英语的最终目的并不是仅仅掌握语言知识，而是要用所获得的语言知识去激发思维，产生意识，促成观念，形成思想，进而达到表达思想和交流的目的。

在教学中，一篇英语文本，教师从词法和语法的角度分析、解释，学生明白语句和内容，就此认为完成了教学目标和任务；且不知，学生并没有从文章所阐述的思想、人类智慧的结晶、发明创造和历史知识中碰撞出火花——思想，只是被动地接受和了解。高考题型的创新，正是冲着这一症结而来的。其目的就是希望消除长期以来高考考查模式给高中教学带来的影响。这就需要教师从课堂教学起步，创造条件，拓展空间和操练环境，让学生在从最基本的教材学习进程中汲取词汇、语法、修辞和语篇等基础知识的同时，培养获取和整合信息、遣词造句、用句谋篇的基本能力；更重要的是，在这一过程中，使学生获得人文思想、创新精神，能对具体问题有针对性地用英语表达看法、发表观点。

教师要以高考为杠杆，以课堂为基地，培养学生的阅读和写作能力；要以“过词汇关”“过语法关”“过句子关”“过语篇关”“过思想关”为依托，以“加强学生基础知识和读写能力的培养”为目标，从“运用语篇中词语的语义链，拓展操练空间”“运用多元化的操练形式，锤炼语言表达的基本功”“拓展单元话题，依高考命题形式训练写作技能”等多方面进行多元化阅读和写作能力培养，充分理解“内容在书中，功夫在书外”的教学内涵，引导学生做到学以致用、活学活用。这些举措在我的研究性论文《新高考英语写作对高中写作教学的正向反拨及其教学对策研究》等中有具体的行动研究。

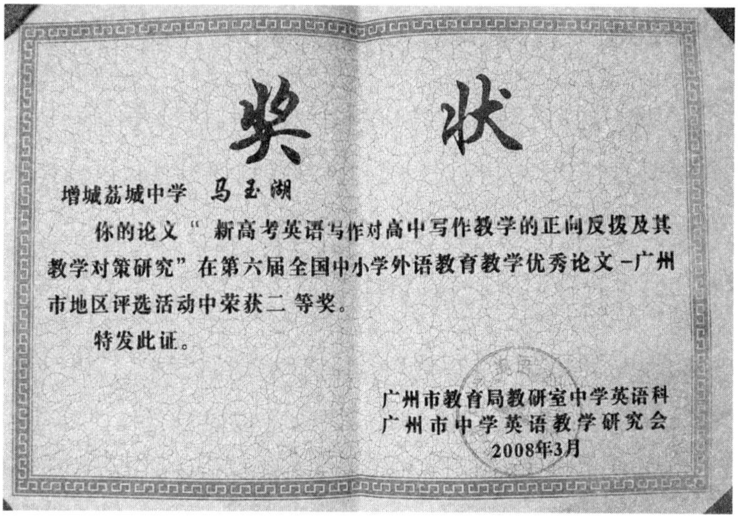

奖状

增城荔城中学 马玉湖

你的论文“新高考英语写作对高中写作教学的正向反拨及其教学对策研究”在第六届全国中小学外语教育教学优秀论文-广州市地区评选活动中荣获二等奖。

特发此证。

广州市教育局教研室中学英语科
广州市中学英语教学研究会
2008年3月

《新高考英语写作对高中写作教学的正向反拨及其教学对策研究》获奖证书

在教学中，为学生创造条件，提供空间，增加其词汇量，提高其词法和句法以及语篇等知识的积累，固然重要；但更重要的是以此拓展空间，使学生置身于语言应用中，运用语言知识，促成学生模仿力、创造力、应变力、想象力、鉴赏力的形成，以学生发展为本，培养其自学、自用、自创的能力。

教师要引导学生不断探索英语的“易”规律，探究英语知识层面上的“简易”“不易”，结合听、说、读、写、译技能层面上的“变易”“不易”，把握英语语言的“简易”“变易”特点和“不易”规律，使学生高效、有效、省力地学习英语，在“易学、易交际”中达成目标。英语本是一种“易练、易学、易用”的语言。而当今在学英语人数最多的我国，英语学习却困难重重。这固然有英语表达自身的原因，但也需要教师寻找英语语言的“易”属性，用东方智慧破解英语语言，为学生创造条件和环境，使其省力、省时、高效地学习语言，利用自然拼读法和音节拼读法来开拓语音学习新局面，运用构词法使词汇“意会”。

教育是科学，科学的价值在于探索；教育是艺术，艺术的价值在于追求。作为一名教师，在当今教育改革的大环境中，我们必须学会通过学习，转变自己的理念；通过实践，检验自己的认识；通过反思，修正自己的行为；通过总结，创造自己的特色。唯其如此，才能使所从事的教育事业熠熠生辉。

十、英语技能在刻意练习中获取

(一)语象境界　刻意练习

2004年5月3日，在兰州中川国际机场候机时，我遇到20位美国人。这对我而言是一个难得的机会，因为次日我要赶回广州参加英语教师出国培训的选拔面试。我心里嘀咕：我说英语他们能听懂吗？我搭上话又听不懂他们说的话，那该怎么办？搭上话后我如何才能把会话继续下去？顿时，教师的学究气发作，一股脑儿的问题涌上心头，阻碍了我上前搭话的勇气。我经常告诫学生，碰到外国人，要抓住一切机会大胆开口说英语，练口语，练胆识。而此时此刻，我怎么连一句像样的英语都难以说出口，就一句也好，想了半天，话到嘴边又咽了回去。我回过头看看周围，想稳定一下情绪，却发现旁边的一位美国女士在向我点头，好像捕捉到了我此刻的心情，我也点头还礼，还是丝毫没有勇气开口，尴尬与焦虑交织在一起，持续着。刹那间，不知从哪儿突然爆发出一股冲劲："Good morning! Welcome to Gansu, China."我向示意的那位女士开口说道。"Thanks a lot. Nice meeting you here."紧接着，旁边的美国人接二连三地跟我讲话。瞬间，那种紧张、不安、不自然和顾虑统统消失殆尽。你一言、我一句、他一声地热闹了起来，话语从我口中涌出，活蹦乱跳起来。

候机的乘客看到我与外国人交流，顿时万分惊奇，投来诧异的目光。登机时，我们踩上云梯，步入机舱，我正好与第一个搭话的、来自美国纽约州的珍妮女士同坐一排，前后左右都被美国友人包围。忽然，

“哇哇”的啼哭声打破了机舱的平静，接二连三的啼哭声，连成一片。他们从背包中取出奶瓶，纷纷送入孩子的口中，哭闹瞬间停止。原来他们是来中国领养孩子的。从甘肃武威市孤儿院领养的十五六个女婴，将随着她们的养父母，在广州换机，离开国土，飞往美国。珍妮得知我也要从武威到广州，非常高兴。飞机飞向高空，进入航道平稳飞行，我们的谈话渐渐多了起来。我无话找话，寻找话题，蹩脚的英语好像很听使唤，流畅了起来。经过一段时间的闲聊，双方的陌生感消失了，似乎没有什么顾忌可言，从谈英语到说中国名胜，从谈汉语到说美国奇闻，从说文化到聊生活、谈职业。珍妮猜透了我的身份，说是英语老师。我先是一愣，话到嘴边却又下意识地咽下去，只说是喜欢英语，在学校学的。心想，我英语这么糟糕，说是英语老师，怕丢脸；更担心的是，她会语速加快，我怕听不懂，难为情，只好如是说。她却鼓励说我的英语很棒，可以当英语老师，教学生学英语，让他们去美国旅游、读书、参加夏令营。我顺势说，也希望美国学生学中文，来中国交流和旅游。双方都会意地笑了。

同操持英语母语者两个多小时的会话和近距离接触与交流，改善了我的精神状态，同时我认识到英语学习者的精神状态其实就是一种学习境界。英语学习境界的形成和发展，是有规律的、可以认识的。我们可以通过学习和实践来提升自己的境界，有意识地进行锻炼和培养，把英语学习境界延伸到其他活动中，这样会对整个学习者的身心健康起到良好的作用。英语学习境界有多种说法，主要有语象境界、情象境界、心象境界。语象境界是英语学习的较低境界。在这一阶段，学习者主要关注语言的形式，特别是语音、语法、词汇在大脑中印记的各式各样的语言形式。在实际学习和应用时，记忆负担加重，心理压力就会增大；练习怕出错，使用怕不当，就可能会对英语产生很强的陌生感。在这种境界中，英语、学习者、客观环境、学习行动、思想和感情活动等，就会处于分散孤立的状态。这说明我们还未能把英语规律和英语使用的逻辑同化于思维规律和行为的逻辑。

次日，我来到广州市教育局教研室参加选拔面试。到了面试地点，我侧眼望去，一位外籍老师坐在室内的沙发上。我路过门口，碰巧双方的眼神交汇，我主动打招呼，想听听他的口音，心里却七上八下，心似乎要跳到喉咙口。老师热情地招呼我，请我进去。我借机上前寒暄，听到他说话，心里就踏实了许多。告别后，我随着参加面试的教师进入大厅等候。我心里不停地想，下意识地思考：面试会问什么，什么话题，什么主题，一连串的问题涌现，心里揣摩起来。广州的教育、所从事的工作、课堂教学、从教经历、出国打算，等等，一连串的想法和猜测不断地在我脑海里翻涌。我一件件地想，如果这样问我，我该怎样用英语回答；如果那样问我，我又该用什么样的词句回答。我反复在心里琢磨，始终没有形成一个清晰的轮廓和语言思维链，反而思绪混乱。我闭上眼睛，静心思考，模拟面试情景。我要做到，听到提问，对所问的问题听清楚、弄明白，抓住要点作答，围绕话题不停地说，不能冷场。问题与对话之间最好要有衔接词和过渡语，整个对话要一气呵成，形成一个完整的语段。正当我在心里反复地酝酿、在头脑中使劲地想词儿时，我突然听到点名声“下一位……请做好准备”。

面试时，我一进门就先跟面试老师打招呼，刚落座问话就开始了。我回答了不到5个问题，面试就结束了。我还清楚地记得一个问题——假如到了新西兰，你将如何学习和生活？这一问题在面试前我想到过，但没有深究，回答时马上运用虚拟语气表述，感觉效果不错。

一周后，我接到教育局的通知，面试通过，一块儿石头落地。心想，能与外籍老师对答如流，多亏在飞机上跟美国友人会话。两个多小时无话找话的刻意对话，使我蹩脚的英语流畅了许多，并能分辨一些英语口音，捕捉语意，轻松进入话题了。

当然，这次刻意抓住机会练口语，是因为英语口语面试迫在眉睫，我强迫自己的结果，是因为强烈的出国动机使然。假如在平常，我也许不会刻意与外国人无话找话，厚着脸皮讲话；即使讲，也只是寒暄几句就匆匆离开。

“刻意练习”这一概念最早是由心理学家安德斯·埃里克森提出的。刻意练习的核心假设是，专家级水平是逐渐练出来的。刻意练习在日常生活中其实有很多应用实例。就体育运动而言，研究人员在考察花样滑冰运动员训练时发现，在同样的练习时间内，普通运动员更喜欢练自己早已掌握的动作，而顶级运动员则更多的是练习各种高难度的动作。普通爱好者打高尔夫球纯粹是为了享受打球的过程，而职业高尔夫选手则需要不断练习，在各种极端不舒服的位置上练习不易打进的球。

刻意练习的程度，是决定一人能否成为顶级高手的关键。这一理论可以诠释，为什么英语爱好者很多，但真正能成为英语高手的人却凤毛麟角。普通英语爱好者享受的是英语带来的乐趣，比如闲暇时看美剧、读花边信息、浏览英语新闻，整个过程都是自由轻松的。但顶级高手的训练过程却毫无乐趣可言，他们会针对一个个难点进行大量富有挑战性的训练，比如练发音练到嘴巴疼，练那些夹杂着各种口音且语速特别快的听力训练，写一篇议论文时会针对不同论点反反复复商榷修改很多遍。这个过程会让人吃不好饭也睡不好觉，一点儿都不会让人觉得舒服好玩儿。而正是这种刻意练习才决定了你能否取得高效的进步、步入成功的殿堂。

同时，我深刻地体会到，超越自己，在英语学习中不再是一个抽象的概念，而是实在的行动。为了尽量摆脱自我干扰，进入新的境界，我在英语学习中，特别是在练习和使用中，尽可能减弱语法意识，增强语用意识；尽可能减弱单词和单句意识，增强连贯的话语意识；尽可能减弱自我存在意识，增强自由存在意识。假如说英语学习效率同学习者的哲学修养有关，那么在学习境界的转换中就会明显而具体地凸显出来。

(二)入境学语　柳暗花明

刻意对话、刻意会话，是把条件转为机遇练习语言，无条件创造条件来提升英语表达能力时的一种自觉刻意的学习行为，也是一种提升英语能力最直接的语言学习途径。

2004 年 10 月，在去往新西兰的飞行途中，一切都让我感到新鲜，我也在寻找新鲜。我想把多年所学的英语变得像汉语母语一样，能够被我随心所欲地使用。机舱里都是五六十岁上了年纪的新西兰男士。每当他们经过座位时，我都会主动搭讪，说一句英语，试听对方的反应。不论我怎么说，他们都听得懂，并予以回复。派发食品和饮料时，多数乘客通过手势索要，而我与众不同，追问一句“这是什么？那是什么？”想增加听说英语的机会。

飞机上提供新西兰红酒，但几乎无人问津。为了刻意练口语，空乘人员经过时，我指着酒瓶问名称，接过酒杯问产地。多说一句、多听一声，我想多体会真实的英语。为了刻意练口语，我多说多听，而他们前后的答语都不相同。

到达目的地，我们来到一所学校门前的空地，寄宿家人早已在那里等候。我们像被认领的孩子，一个个被点名呼叫，然后坐上车向同伴挥手，顿时一种难分难舍的感觉涌上心头。一路上，我向大伟(英文名David，我向他解释这个中文名的含义，他很高兴，所以以后一见他我就用中文名)问东问西。话说完了，我挖空心思地想，拼凑好词句再问，大伟则不厌其烦地回复。刚接触，他语速慢，我对答如流；后来听得熟练了，我一句没听清楚他就开始说下一句了。没有听到回音，他就侧头看我。此刻，我心里七上八下，嘀咕起来，我还能在他家生活3个月吗？刚开始准备式的英语说得流利，他觉得我口语不错，会话没问题，就提升了语速。眼下交流受阻，对话没说几句，双方就都沉默了。我半天想不出一句合适的话。大伟驾驶认真，我不问，他也不多说，反倒帮了忙，免除了一路上的尴尬。

讲英语，只会讲准备式英语；事前准备好，先说什么，再说什么，完全准备好才开口；讲完了，搜肠刮肚寻找合适的词句，这说明英语还没有完全进入学习者的潜意识当中，学习者还不能自由交流，更不会随机应变。

我在飞机上刻意对话，找机会搭讪，怕的就是到新西兰不能用英语交流，造成沟通障碍，还担心在全英课堂上听不懂教师授课。当初的担心逼迫我刻意听说对话，看来还真不是多余的。

第一天放学，我乘公交车回来，向大伟打招呼。我刚落座，看电视的大伟就发话，问我在课堂上学了什么。我愣了一会儿，回忆起从早上开始到下午结束一整天的活动。从在毛利会堂参加欢迎会，听毛利人讲述新西兰的历史、文化和他们的习俗，观看他们的舞蹈，同他们碰鼻，一起喝奶茶、吃甜点等；到回到教室听老师讲培训计划和课程安排，吃午饭；再到下午参加词汇和阅读考试，我的会话就像流水账一样，按事件顺序断断续续地叙述。有些专有名词没有刻意记，我就转换说法，时断时续，极不流畅。听完后，大伟反而滔滔不绝地接着讲起毛利人的故事，我还是似懂非懂。惊奇的是，我了解到毛利人是新西兰的原住民，他们的祖先是在海水落潮时从我国台湾划船而来，落脚在新西兰定居的。了解到这一切，我顿时对脸色黝黑、身躯高大的毛利人产生了好感，减少了恐惧感。后来相遇时，我总向他们点头微笑，甚至打招呼。

第二天放学回来，我还没落座，大伟就重复前一天的话题。我凭借记忆讲给他听。他不时地补充，继续着我的话题。这时我的对话比前一次流利了许多。第三天回来，他又问。这时，我才意识到，他这样做是督促我在课堂上认真听课，课后回家进行会话，刻意练习口语。后来我又了解到，这是主办院校对寄宿家庭的特别要求。第四天，他没有坐在沙发上，在忙其他事。一看到他有空，我就主动讲给他听，他会心地笑了。自从住进他家，他就没话找话跟我讲，把我当作家里的一员。也许是我们年龄相近，兴趣和爱好不分上下的缘故。他是一位理科老师，除教学外还在教务处做兼职，后来带我去参观他的学校和办公室。周末他收拾花园，我就帮他翻地、耙地、松土、播种、浇水。看到我干农活娴熟，懂点儿农艺，在情感上我们的距离又拉近了。

大伟一家待人很好，他的妻子是华侨，儿子是大二的学生，他曾获得奥克兰国际象棋比赛第一名，周末还通过教小朋友下棋挣学费。周六日，新西兰家庭一般只吃早晚两餐，但他们按照中国人的习惯给我安排了三餐。后来言谈中我明白了，这是他们对我的特别照顾，令人感动；作为回报，我把没有开封的短裤和袜子等送给了大伟，他欣然接受。周末，我乘坐他们的私家车游览名胜，观海拾贝，挑选奇异的卵石。

在英语母语者所构成的语境当中，我感到自己进入了一种英语学习的情象境界中。我的意识的存在，不再是语言形式，而需要把语言、情景、情节和情意密切结合起来。这时，我的语言的存在，也不只是单词和单句，而是话题、话语、语流、语用、语义结合而成的统一体。在运用英语的过程中，我首先关注的不是语言形式，而是意义内容；不是知识碎片，而是要努力形成的一系列的、有规律的、多种因素的同步反应与连锁反应。

在进入角色学习和扮演角色时，我体验到一种英语的情象境界，试图使语言、社会和人达到和谐统一。我原来强烈的对英语、对英语与其所反映的世界关系的异化感，逐渐让位于同化感。有时我会站在英语的立场上，与教师、与外国人交流，由被动转化为主动，由消极转化为积极的投入。我在所产生的语象境界中，感到的是“山重水复疑无路”；在情象境界中，我又感到“柳暗花明又一村”。从语象境界进入情象境界，有时我能真切地意识到自己与英语的关系发生了深刻变化。英语由心上重负变成了掌中工具，词义、句义和文义变得灵活起来，我们所讲的语言不再是孤立的存在，而是与周围的自然、社会、思维紧密关联的，掌握的语言规律与其能融为一体。

课内学教材，课外用教材，我们只有身处如此的语境当中，体会由语象境界进入情象境界时，才能领悟到学教材、用知识的重要性和迫切感。把教材语言，尤其是词汇和语句运用到现实生活中，与日常活动对接，紧紧挂钩，教材上的死知识就能活灵活现。大胆讲、大胆说，不怕丢脸，我们在真实独立的生活环境中就能感悟到语言所具有的神奇魅力。语言给予我们的力量，会让我们体会到学外语的真正乐趣。然而，兴奋之余、有了成就感之后，我们又会忽然坠入窘迫之中，因为在参与当地人的生活与事务活动时，当地人的谈话声、教师彼此间的说笑声传入我们耳中，又会让我们突然感觉云里雾里。我们犹如身处广东岭南聚餐，侧过脸人家跟你讲普通话，转过身听到对方又在讲方言，我们又成为局外人，似懂非懂。

至于英语，它有其自身的奥秘，也因国家和地域的不同，语音语调有差异。新西兰英语，发音特别，属小嘴巴英语，语速快。会话时，我还没有听清对方在说什么，话已结束，造成难听难懂的错觉。而我们习惯了新西兰英语的频率就基本上能听懂任何一种英语了。美国英语，是大嘴巴英语，比较稳重、低沉，语势呈降调，速度慢，说话人似乎装腔作势，给听话者留有缓冲的余地，一般没有生词障碍都可以听懂；英国英语，是经典式的，给人以高贵典雅的感觉。其实英语有一个共同的口音特点——抑扬顿挫、语调高亢，几乎每个音节都发得很清晰，长短韵母发音区别明显，弱音节上的清辅音发得十分清晰。

(三)创意课堂　激发思维

1. 营造氛围

60 多岁的新西兰奥克兰大学女教师简和男教师卡尔，是我们中学班 20 人的课任教师兼班主任。他们几乎天天跟我们在一起。早晨，老师简总是先为讲桌上的花瓶换水插花。芬芳鲜艳的花朵，点缀着教室，营造着愉快的氛围。他们似乎把教学场所当成了自己的家，将其装扮得像新房一样，迎接远道而来的客人。

学员林武芳情不自禁捧起插花与简合影

每当工作日，教师着装得体，服饰上下午各异。他们的穿着常常给人一种赏心悦目的美感，给学生注入精神力量，唤醒学生的求知欲望；每当他们聚精会神地讲课时，就会给人一种凝重而又超凡脱俗的感受，顿时使人感到教育职业的神圣与崇高——教育就是育美、品美、唯美。从这些教师身上，我们看到了教育工作者那种天然的气质、天然的神态，从中散发出的是一种职业的自豪感，焕发出的是知识分子博大精深的人文情操，透露出的又是满腹经纶的人文气息。这份感受和影响久久停留在我的心间和脑海，挥之不去；如今也生根开花，点缀着我与学生激情的课堂，点燃着我与学生之间碰撞出的思想火花，不时地迸发、不断地燃起火焰。

2. 冥想放松

每当我们不由自主地在课堂上打哈欠时，卡尔老师就停止讲课，让我们听他的口令，轻轻闭上眼睛，什么都不要想，什么都不要听，排除和拒绝外界的一切声响，哪怕是雨声风声，慢慢地深呼吸，平心静气地呼吸，忘掉周围的一切，完全忘掉自我，完全放松身心，沉浸在轻松自然的状态中，像湖水一样的平静，像轻盈的蜻蜓在水波上踩出波纹那般寂静。他的口令不断地重复，我们静默数分钟。而当这一切在口令声中

奥克兰大学卡尔老师授课时的表情捕捉

结束时，我们轻轻地睁开双眼。卡尔老师突然反问我们听到外面近处有什么声音、有什么动静，很远很远的地方有什么声响、发生了什么事。“自相矛盾”的冥想游戏，赶走了困顿，我们顿时大脑清醒，他又把我们拉回课堂。

3. 逗趣

一个多月后，我们师生熟悉了，无话不说、无事不谈。一次课间休息时分，我口无遮拦地跟老师简开起了玩笑。

—Hi, Jane! I'd like to say something about you. Would you mind listening to me?（喂，简！我想讲一件关于您的事，您不会介意吧?）

—Never, please!（不介意，请讲!）

—You've always been teaching us, staying with us all day long. Yet we are tired out, sometimes feeling sleepy, though we are younger and should be more energetic than you. However, I find you're never worn out but more energetic, always in high spirits!

（您一直给我们上课，整天和我们在一起。我们疲惫不堪，有时会感到困倦，我们比您年轻，应该比您更有活力。然而，我发现您从来没有疲惫过，比我们更有活力，总是精神饱满!）

—Thanks for your sharp eyes!（谢谢你锐利的眼神!）

—So I think you are just like an active and charming girl, admired by handsome boys.（所以，我认为您就像一位活泼而迷人的女郎，被英俊的男士所仰慕。）

—Thank you for your words. I hope so.（谢谢你的夸奖，但愿如此。）

—Please tell me your secret. By the way, you can have a lovely baby, I bet, even though you're already in your sixties!（请告诉我您的秘密。对了，我敢说，即使您已经60多岁了，您还能生出一个可爱的宝宝!）

听到最后一句话，她举起双拳，在我眼前挥舞，似乎要揍人似的，吓了我一跳。忽然，她又做起鬼脸，像一个调皮的孩子似的。随之，在课堂上，她说，一般新西兰的成熟女性，喜欢被人称作 woman 而不是 girl，更喜欢被称作 lady。woman 一词是女性成熟的象征，lady 是指有修养、有学识、有身份的女性，而 girl 在成人女性和男性眼里是单纯、幼稚、不成熟的象征。在中国可能正好相反。语言其实就是文化，脱离了文化和语境就失去了真正的意义。之后，我跟老师的距离拉近了。闲暇，我们谈生活，说习俗，讲文化，甚至调侃人生。

4. 图解启发

课堂上，老师善于用简笔画开启教学。一次，卡尔老师上关于“山脉河流”的阅读课时，他笔画游离，启发我们说出他所描述的词语，直到我们说准他才肯罢休。他不是事先把山脉河流的名称写在小黑板上，画好图形，标好文字，搬进课堂，而是当堂在黑板起笔绘画，比如，雨滴(rain)落入山脉(ridge)，落入山谷(valley)，形成溪流(stream)，流出群山(mountains/hills)，汇成湖泊(lake)，形成滚滚的江河(river)，归入大海(sea)，连成一片汪洋，汇入海洋(ocean)。在点线游离的过程中，老师激发我们按画面所指的特征说出词语。老师不直接讲词语，而是利用概念刻意启发我们积极思考，在点、线、面交汇的图形中，他不断启发我们，让词语从我们口中涌出。当笔画停留时，老师不停地描述、分析、解释，启发我们脱口而出。当我们不能迎合他的思维，说出的不是所指词语时，他就把所说词语写在黑板的另一头，鼓励、评价或赞赏；当他也不明白所听到的词语时，就走下来看我们的电子词典，说这么好的词是他平生第一次听到的、看到的。当我们说准答对时，他就把词语标记在图画中，再不停地画，不停地问，不停地解释和引导。最后，一条河流环绕着一座座高山，在一支支粉笔的游离下栩栩如生地呈现于我们眼前。山水的特征画得惟妙惟肖，加上单词的点缀，出神入化。顿时，相机“咔嚓”声不断，闪光灯闪烁不停，我们要留住画面，留住记忆，留住时光。

在课堂上，我们不仅学会了与山水相关的词语，而且更多的是学会了老师运用插画、图形、线条、关键词等传达信息，促使我们用英语思维的教法。同时，他不停地用母语描述、解释和分析，刻意让我们随着他的笔画线条激活图像思维，从记忆深处提取概念，孕育出具体的词语名称，并在评议过程中激发情智，激活思维与所学内容的碰撞，使我们在听练中练词，在练词中听说。更为意义重大的是，我们体验了老师运用"图解思维"培养和发展我们的英语语言思维的过程。

2004 年 11 月广州市 20 位英语教师在奥克兰大学课间合影

教学是一门艺术，对此我有了更深刻的感受和理解。教学艺术就是教师用心智挑逗学生，激发其情智；用智慧启迪课堂，使其与学生的心灵相碰撞，激起火花，激发灵感，燃烧思维，发挥想象力；师生共同铸造灵动的课堂，演奏美妙的教学乐章。

(四)外教进课堂　学生体验英语

回国后，我一直觉得，学生不论英语学习了多少，早一点儿跟操持母语者近距离接触是很有必要的，这能激发学生的求知欲，增强其学习语言的迫切感和成就感，更重要的是能让学生提前意识到学习语言的意义和价值。学生在交流中，哪怕只会说几个简单的单词和句子，那都是一种享受，令人刻骨铭心、难以忘怀，更有意义的是，这能够激励学习。因此，多年来，只要有机会，特别是教育局邀请外籍教师和专家，我都会上下沟通，抓住机会邀请他们前来与师生互动。

曾经有来自香港某大学的外籍学生、加拿大退休教师支教团、新西兰教师交流团等与我校师生在课堂、在校园互动交流。学生近距离接触讲英语母语的人，体验英语，他们兴奋不已而又有所收获。外籍师生跟学生展开全英式互动交流，学生最初的“基础差、听不懂、说不出”的担心统统在活动中被击碎。外籍师生和其他志愿者都有一定的交流经验。他们通常先用慢速英语沟通，运用板书和肢体语言表达，激发学生的想象力和语言思维。

高一的一名学生说：“第一次和外教面对面交流，让我受益匪浅。我领悟到，英语是一门纵横世界的语言，不仅局限于英语国家。”高二的一名学生感慨地说：“英语学习并不是一定要停留在纸张试卷上，感谢学校为我们提供这么好的与外国人交流的机会，这提升了我对英语的学习兴趣，增强了我学好英语的决心。”高二的另一名学生说：“这是我第一次听外教上课，感觉很新奇，外教总是笑呵呵地面对我们，这拉近了我们与他的距离。起初，我担心听不懂他的英语，而他那浅显易懂的慢速英语，我们听得清楚明白。下课了，他还与我握手、拍照留念。”高三

学生同来自香港某大学的外籍学生进行课堂互动

的一名学生说："不仅有来自加拿大的老师，还有众多来自其他国家的老师。他们耐心而风趣，与我们在课堂上进行有意思的互动。他们唱英文歌曲，还让我们展示才艺，如吹竹笛、口琴等。"

来自新西兰的教师在课堂上与学生交流互动

从 2007 年起，加拿大支教团团长约翰·华莱士先生受增城教育局教研员潘殿仁老师的邀请，组建了一支退休教师自费支教团，每年来增城支教。他们主要与学生进行面对面的交流，鼓励学生开口讲英语，促进学生的听说能力，让学生在轻松、有趣的氛围中培养学习英语的兴趣。

第五章

空谷微响

一、殊荣在群英追求中获得

作为一名普通教师，我在广州市高中生源质量欠佳的学校任教，而每年却能“低进高出”地培养出一批又一批出色的学生。我被推荐为广州市“走进广州好教育丛书·好教师系列”的作者之一，先是兴奋，尔后质疑。我怎么能与这一殊荣相匹配呢？在撰写本书的过程中，我又扪心自问：我到底好在哪里？我为什么能被推举为国际大都市广州市的好教师？广州市有那么多人才济济的重点中学，又有那么多人才辈出的历史名校，还有那么多来自示范性中学的出类拔萃的教师、省市教科研领域的顶级教师，而我只是广州市的一位极其普通的高中英语教师，却被选拔为“好教师”，我惊叹不已又忐忑不安，这倒使我觉得盛名之下其实难副。而转眼间又想，既然得此殊荣，我就要挖掘广大教师身上的闪光点，聚集于我的笔端，一一道来。

(一)追昔：感慨良多

忆往昔，近40年的教育路途中，我所走过的路、淌过的河、跨过的桥、吃过的苦、解决过的难题，反倒又使我觉得是写作的素材。我代表广州市数以千计的教师把他们的事迹浓缩在我的笔端展现出来，这难道不就是数以千计教师的工作和业绩的真实写照吗？思前想后，我想绝不能辜负众望，不能辜负广州市教育局、增城区教育局，以及荔城中学的大力推荐和支持。我要把广大教师在教育征途中的所教所思、所见所闻尽我所能写出来，展示给社会，让大家评说。

多年来，我以生情为基础创新教法，以校情为契机实施教法，以教情为源泉研究教法。的确，在平凡的工作岗位上我做出了一些值得称赞的业绩，同时我也获得了发展，彰显了自我个性和特质。

曾记得，广州市教育局教研室新任英语学科教研员陈皓曦老师来我校督教，潘殿仁老师向她介绍我时，她说：“我在协和中学教英语时就拜读过你的许多作品，相知已久，今日才见面。广州市教研室出版的新课程和高考备考教研成果丛书中都有你的论文，还有你在许多刊物上发表的文章，我都读过，很有见地和指导意义。”

怎能忘，祖母、父母抚养我们兄弟姊妹六人成长的那段岁月。在我们其乐融融、充满欢声笑语的成长年代里，父亲十分重视我们的教育，让我们接受正规的学校教育。记得当时家里藏书颇丰，有四大名著《三国演义》《水浒传》《红楼梦》《西游记》，有启蒙经典《论语》《三字经》《四书》《五经》等，还有连环画和小人书等。

父亲经常给我们讲故事。农村放映露天电影，他总是把我们带到身边，左肩膀搭一个、右肩膀驮一个去看电影。早早地他就让我们观察外面的世界，享受生活的乐趣。

看完电影，一家人围在一起谈天说地。那时我就浮想联翩，觉得世界真神奇，人的影子怎能钻进胶片，被一束光投射到白布上，活灵活现！我梦想着有一天我的影子也能在荧幕上蹦蹦跳跳，那该多好啊！人真聪明，什么都能想得出、做得来！飞机在蓝天中像大雁一样翱翔，火车在铁轨上轰隆鸣笛，汽车在公路上像马儿一样奔跑。

父亲在那样的岁月想尽一切办法让我们上学读书，学知识长智慧。每当看到我们在庭院里读书、写字、画画，他就很开心。每当我们放学回家，父亲总是逐个儿把我们叫到身旁，让我们讲述在课堂上所学的知识。他听得很认真，好像听上了瘾，也想了解一些新鲜事。是他培养了我们在家读书的习惯；是家庭这个孩子成长的摇篮、人生的第一所学校，是父母这二位孩子人生的第一任老师、终身的老师，造就了我们。他们的一言一行影响了我们的一举一动。正如拿破仑所说：“推动摇篮的手，就是推动地球的手。”在人生历程中，祖母留给我们的是刚毅、仁慈、宽厚；父亲留给我们的是勤劳、拼搏、执着；母亲留给我们的是仁爱、奉献、善良。他们的品质塑造了我们，伴随着我们去成长、去发展、去追求。而最重要的是，他们为我们的成长所付出的努力让我们懂得了努力的真正意义；通过读书让我们知道了未来的高远，明白了世界的广袤。

从那时起，我们兄弟姊妹六人就逐渐形成了父辈倡导的家庭价值观——善学、好德、执着，它一直深刻地影响着我们。由此而来，如今我的小家庭继承发扬了大家庭的优良传统，奉行着“勤学善思、和睦相处、执着追求”的处事理念。2007 年 3 月，我家捧来了“广州市学习型家庭”荣誉证书；2011—2012 年度被评为“增城市文明家庭”，并被授予“广州市文明家庭”称号。

谈成绩，说荣誉，一直以来，我从不喜欢与别人比高低、争先后，我更喜欢静静地思考和找差距，与同事友好相处，互相勉励。“低调做人，高调做事”是我所遵循的人生准则，“做事有板有眼”是我奉行的做事风格。这一切都与家庭的教育有着直接关系。和睦的大家庭造就了我与兄弟姊妹友好相处的成长准则，延续至今，成为我在工作中与同事和谐相处的人生准则。时至今日，学校和上级布置给我的教育工作和任务，我会毫不犹豫地专心投入，努力做到精益求精；作为 20 多年的英语学科组长，我带头上市、区、校的观摩课、示范课、比赛课，培养青年教师，带领科组教师搞教研，做课题，撰写论文。看着青年教师渐渐成长起来，取得显著的成绩，我心里踏实，喜在心头，笑在脸上，与他们一起分享快乐。

(二)抚今：重任在肩

英语学习是一个长久性的话题。想把英语变成利器去打开通向世界的门户者，就会刻苦地学习，不断地进步。渐渐地，他们学英语就会像学母语一样毫无障碍，翻阅英文读物兴致盎然，看网络英语妙趣横生，看英文视频自由自在，听英文音频轻松自如。恨，从小学到高中，甚至大学，因诸多原因，我们阅读文章时，满眼尽被生词所占据，被错综复杂的句子结构所困扰。听，听不懂；看，看不明；说，说不清。考，我们突击复习，成绩不尽如人意。无奈，英语是中学的必考科目。学，我们想速成，有时用功，但不见得能迅速提高。而社会发展，世界交汇，已经离不开英语。

多年来，我为一些报刊社、出版社撰写稿件，日积月累，一直想为英语学习者排忧解难。于是，我和刘兴莹老师编著了《广东高考英语命题解密与专题演练》，与潘殿仁老师主编了《高中英语写作导与练》。这些书籍帮助学生获得了较好的高考成绩。我们能将世界上最复杂难学的中文出神入化地表达出来，但面对西方人的英语拼音文字时，多数学习者往往一筹莫展，望洋兴叹。因此，我把英语学习作为一种语言思维转化来认识、学习和讲授，努力使学生形成英语思维。一直以来，我致力于为学生提供英汉思维转化的读本，让其在更快更好地掌握基础知识的同时，形成英汉双语思维。

曾与刘兴莹、潘殿仁等老师合作编写的书

我相信自己，坚信上苍赋予我的教育教学潜质能让聪明的学生扩大知识面，增长才智；让顽劣愚钝的学生灵动好学，正本清源，竞争上游；让人性返善、学善、行善、好善，为已、为家、为他人设身处地地着想，做利己、利人、利社会的事情，引领学生走出校门，走向社会。

工作中，我努力完善自我，端正行为，塑造心灵，教书育人。我加强学习，以科学的方法指引我的教育教学行为。每天三点一线，从家到办公室，从办公室到教室，从教室到家，我天天重复着教书育人的工作，时时刻刻想着教学的事，努力做好分内的事。我强健身心，保持旺盛的精力，充实自己，努力实现人生价值的最大化，成为学生的榜样、做人的标杆、社会的楷模，树师德、兴师风，履行职责以求心安。

我希望送走的学生都能创造财富，造福人类，从所创造的财富中享受财富所带来的快乐，愉悦人生，幸福生活；我渴望步入社会的学生都能与时俱进，求发展，求进取，成为社会有用之才、有识之士，成为创造者、奉献者、志愿者，努力构建健康的富裕的物质世界、文明富有的精神世界，营造幸福美满的物质生活，树立正确的人生观和价值观，益于社会、益于他人、益于自己。我相信从我的课堂中走出去的学生，会成为亲人的好帮手、他人的好伙伴、成家立业的顶梁柱、生子育女的好父母，成为生生不息的传承者，为社会争做贡献，成为有道德、有理想、有思想、有作为的社会之人。

(三)期许：马不停蹄

人生中，我磨砺心镜照汗颜，教书育人兴师德，崇尚科学，求智慧，育美德。我常常又“胡思乱想”，与众不同，以思考体现自己的存在，以思想展示自己的尊严，以自我嘲弄消除自己的尴尬，以自我批判提醒自己的无知。另外，我以“谦逊礼仪立世，不卑不亢待人，做事有度求真，说话有寸舒心”为准则，就此更好地树立形象，教书育人。

看今朝，当年的学生已成为各行各业的精英、能手、标兵，他们登门看望、叙旧、道谢，我只觉得教书育人这条路，我是走对了；我要走稳，要走得更实在，也要走得更轻松、更富有成效；同时，我还要不断汲取年轻人所具有的时代元素和养分，开阔胸襟，着眼当下，放眼未来，充实自我。21世纪，人类科技和信息技术高度发展，超越了人类学家的预测和想象。高度智能化的世界正在或已经展现在我们眼前。我们需要与时俱进，与时代同呼吸，与国家共命运，与教育同发展，与学生共成长。

爱因斯坦曾对中国著名语言学家周有光先生说：“人的差别在于业

余时间。一个人到60岁时，除去吃饭、睡觉、工作，还有很多业余的时间。如果能够好好利用这些时间，完全可以在一门学科上有所建树。”一番话点醒了周有光，此后他开始钻研语言学，成就了贤者们梦寐以求的梦想，找到了让人人都能认读中国汉字的工具——汉语拼音。

对于一名普通的教师，我应该持之以恒地学习和思考教育教学，管理好业余时间，让今后的日子总是充满阳光和快乐。因此，我要不断地听。我想每天听天下要闻，与时代同步；听天籁之音，净化自己的心灵，融入自然人事之中。听，与全球同步，在使用中学习英语，在学习中了解世界。

据美国的保罗·兰金(Paul Rankin)教授统计，“听”占人们日常语言活动的45%，“说”占30%，“读”占16%，“写”占9%。可见，“听”在语言交流中的重要地位。听力是获取口语素材，克服哑巴英语的起跑线，更是获得英语高分的重要保障。中国人学英语一向以“眼看手写”为主。殊不知，真正打开英语速成之门的钥匙是耳朵——一个因为普通而被忽视了的超级学习器官。美国科研机构研究表明，“听”比单纯地“看”能让人多记住34%的内容，如果把“看”和“听”二者结合起来，记忆效果可以大大提高。

“说话”就源于“听”。婴儿降生就开始“听”，父母什么也不用管，什么也不用教。听着听着，他们就能分辨各种声音，就能听懂别人的话，突然之间开始咿呀学语；不知不觉中又会说很多很多话，这都是“听”的结果。

美国华盛顿大学的心理学博士伊丽莎白·洛伏特斯通过实验得出“大脑靠耳朵运转”的结论。她指出，人类记忆语言有两种途径，一种是图像记忆，储存视觉形象；另一种是回声记忆，储存听觉形象。眼睛一旦看到某些图像或接受某些视觉信息，就会把一个比较完整的形象储存在图像记忆中，但它很快就会消失，也许就在1秒左右。耳朵一旦接收信息，也同样会把一个比较完整的形象储存起来，但它消失起来慢得多，需要4～5秒。

发掘特洛伊城遗迹的德国人施里曼，是一位杰出的语言学习天才。他在很短的时间内学会了许多国家的语言，用的便是听读的方法。不管背诵单词还是文章，他都一遍又一遍地大声朗读，一直念到深夜。结果，每一种语言，他都只用了3～6个月的时间就学会了。

因此，学习英语的时候一定要听读结合，首先用耳朵直接听文章的录音，而非用眼睛直接看。从广义上说，阅读也是一个“用耳听”的过程——眼睛识别到图像信息之后首先会传到大脑，大脑将图像信息默读给耳朵听，转变成听觉信息，然后耳朵再将这些信息传达给语言中枢，形成理解和判断。与其通过这样一个“绕弯子”的过程，我们还不如直接把阅读的文章拿来听。通过听有声语言材料，体验充满情感、抑扬顿挫的朗读音频，突破长难句识别与理解的瓶颈。

随着科技的快速发展，我们将会迎来新一波的阅读文化的洗礼，从“文字阅读”到“图像阅读”，现在又到“听觉阅读”，我们的生活和学习将变成一种流动的听觉体验。在网络时代，高容量的随身阅读设备带来了新的潮流，已经改变了我们阅读文字的习惯，发掘了另一种接受知识的器官：耳朵。“随身听”除了娱乐之外，还成为我们学习和生活的新途径。

为此，我要继续努力放开自己的眼界，继续把自己融入真正的教育和现实社会之中，学习和运用现代科技和眼光去欣赏整个世界，从而拓宽自己的视野，努力审视古今中外，帮助善学者达到精神上的丰富和旷达；同时更好地锻炼自己的心智，磨炼技能，完善立世必备的品质。

二、精英评说在静思中品味

(一)学校的评价

荔城中学评语：

马玉湖老师热爱党的教育事业，恪尽职守，工作认真负责，担任学校英语科组长已经20余年，致力于科组建设和发展，以榜样的力量引领学校教师的专业发展，使英语科组成为学校的“看家”科组。马老师对待工作一丝不苟，极具亲和力，与同事、学生关系融洽。从英语教学的实际出发，不断优化课堂结构，立足基础，系统训练，在高考英语写作教学中探索出了一套“表达词语，连词成句；加关联词，连句成篇”的高考写作备考模式，取得了优异的教学成绩，撰写的论文发表在报纸杂志上，得到了验证和推广。马老师长期无私帮助年轻教师成长，为他们的专业成长和发展呕心沥血，甘当绿叶。荔城中学所有年轻教师，尤其是英语教师，自觉拜他为师。在他的帮助和引领下，年轻教师迅速成长，郑细军、陈应妮、钟英、林晓珊等多位教师已成长为在增城区甚至广州市具有一定影响力的骨干教师。

马老师勤于笔耕，认真钻研教材，研究教法和学法，及时总结和提炼心得，有多篇论文发表在国家级期刊上，有数篇论文获国家级论文一等奖。他是学校公认的教科研领军人物，成为增城专家库的成员。

(二)校长眼中的我

荔城中学首任校长(1996—2003年)王志行说：

感谢你，马老师！你给我们学校争回了高考的面子！我校2003年的高考三项指标都统统达标，超额完成上级教育部门分配的高考指标，同时祝贺你的孩子以高分被广东省示范性高中增城中学录取。你们父子俩是我们学校的骄傲，我们为你们感到自豪！这些年来你为学校做出了巨大的努力和贡献，我代表学校向你表示深深的感谢！

荔城中学第二任校长(2003—2013年)、广州市基础教育名校长周丽红说：

各位老师、主管部门的领导，大家好！广东省普通高级中学一级评估工作刚刚落下帷幕。谢谢各位教职员工和各部门的鼎力支持，你们的努力使各项评估工作得以顺利完成！……评估工作中有一项衡量学校水平的重要的评估项目就是教研。学校能顺利通过这项评估，我首先要代表学校感谢马玉湖老师！他协助我们撰写学校的评估报告。尤其是，他带领英语科组开展教研工作，做得有声有色，工作务实、扎实、细致，富有成效。他在核心刊物上发表的论文、获得国家级一等奖的论文、辅导学生获得国家级一等奖的奖项、获得广州市和增城市优秀辅导教师的奖项，已经给我们英语科组和学校评估项目增分不少，成为这次评估中的亮点。我代表学校向马老师表示感谢。他在教研和学科研究中给我们树立了榜样。我号召广大教师，尤其是青年教师，向马老师学习，向他多请教、多取经，以便搞好我校的教研工作，用教科研推动和统领学校的教育教学工作，提高我们的教科研能力。同时，我希望借广东省普通高级中学一级评估工作的东风把我校的教育教学提高到一个崭新的水平。最后，再次以热烈的掌声感谢马老师！

荔城中学第三任校长(2013—2016年)刘启明说：

走进荔城中学一年多来，我见证了马玉湖老师的工作作风和个人魅力。以前只是听人说，如今是耳闻目睹。我发现他在学校里有一种强大的“气场”，紧紧地吸引着同事，吸引着学生。他业务精、能力强，工作上独当一面，奋勇向前。他带领教师队伍一起搞教研，研究学法、教法，开展富有成效的课堂改革，用“促思融会”的英语教学理念引领课堂教学，带领英语科组的教师一起做研究、做调研，深入开展教学工作，对学生也产生了极大的影响。在英语科组的发展上，他起到了引领带头作用，使英语科组成为学校的王牌科组、增城有名望的科组。每位教师都有自己的个性，但马老师所富有的个性就是惹师生喜欢，与年轻教师没有“代沟”，与学生、同事关系融洽。他以旺盛充沛的精力投入日常工作和生活，为我们广大教师树立了学习的榜样。

荔城中学韩焰明校长说：

教育的本质在于唤醒与生长。马玉湖老师运用“促思融会”的教学理念，催生学生的学习情趣，促进语言思维的发展，培养学生的综合素养。他唤醒学生沉睡的天性、潜能和梦想，唤起学生的自尊、自信和自强，使其焕发生命的活力和人性的光辉。在“汗洒春秋满校园”的教育路途中，马老师数十年如一日，默默耕耘只望年年春尽，笑看满庭芳！

(三)学界的赞扬

广州市增城区教育局教研室英语学科教研员潘殿仁说：

马玉湖老师是我区一名非常优秀的高级教师。自 1996 年进入荔城中学任教以来，他担任学校英语科组长，区中学英语教研会理事，第四届、第五届中学英语教研会副会长，第六届中学英语教研会会长，第一届增城区中学英语教研会理事会会长等职务。他始终热爱教育教学，履行职责，积极开展英语教学科研活动，并取得了优异的成绩。他先后被认定为“增城市首批骨干教师”“广州市第二批中小学市级骨干教师”“增城区基础教育系统第二批名教师”，两次被评为“增城市优秀教师”，多次被评为学校“十佳教师”和“优秀教师”，并荣获“广州市高中英语课程改革工作先进个人”的称号。

作为一名英语教师，马老师坚持以先进的教育教学理念指导教学实践活动，积极推动和参加课程改革，创立了“促思融会”的教学风格和教学理念，统领课堂，活化课堂，成效显著。他对工作一丝不苟，钻研教材教法，热心辅导和帮助学生，让不同层次的学生在学习上都取得较为明显的进步。马老师的高三教学工作出色，成绩优异，在学校被评为“广州市高三毕业班工作一等奖”中做出了杰出的贡献。

马老师担任增城英语教研会理事和会长，积极配合教育局评选学科论文和研究课题，协助教研室开展工作，协助教研员制订教研计划和高中中心组的活动计划，并策划、组织和主持全区教研活动，与我区骨干教师一起到各校调研和指导教学；在全区重大考试中协助命题并认真分析考试，协助评选全区优秀论文和教学案例等，为全区英语教师的教学科研水平的提高和发展做出了努力和贡献。

广东五邑大学教授张秀芝回忆说：

马玉湖是甘肃省武威师范学校首届英语班的学生，当时我担任班主任和语文老师。那时马玉湖是班上年龄较小的学生之一。在两年的学习生活中，玉湖留给我的突出印象有三点：一是“听话”——无论国家的号召、学校的要求，还是老师布置的任务，玉湖都能积极响应，认真落实；二是“刻苦”——玉湖是从贫困地区走出来的连普通话都不会讲的孩子，两年时间能成长为一名合格的英语教师，其顽强的拼搏精神、艰辛的学习历程，是当今年轻人难以想象的；三是“善思”——玉湖平时话语不多，但善于用脑，无论学业的攻坚克难，还是日常的为人处世，他都勤于动脑，选择最佳方式，追求理想效果。

玉湖的这些特质，与他数十年职业生涯和取得的成绩紧密相关：“听话”必然“敬业”——对国家的期望、职业的要求、学校的安排能无条件服从，对本职工作尽职尽责，努力做到完美；“刻苦”必会“乐业”——大任重责、艰难险阻，都压不倒他的壮志雄心，挡不住他的踏实奋进，他以业为生、以苦为乐，让生命之光在本职工作中尽情闪耀；“善思”必能“创新”——善于思考，便会从常识中发现问题，便想从常规中另辟蹊径，便能从常理中独出卓见，创造出骄人的业绩！近 40 年来，在平凡的中学教学岗位上创造的优异工作业绩及丰硕理论成果，为马玉湖的生命特质和奋斗历程，做出了最好的注解和证明。

甘肃省中学英语学科带头人、中学高级教师、特级教师马维学说：

我与马玉湖老师 1978 年一同考入甘肃省武威师范学校，就读英语班，前后考入甘肃教育学院进修专科英语，后来一起自考获取英语本科学历。1996 年，他离开家乡奔赴广州，虽相隔千里但交往如常。他人品好，素养高，常跟我切磋教学理念和教艺。临近退休，他宝刀不老，著书立说，开设公众号和头条号“野马英语”等，把对英语语言的悟道与大众分享。

当初上师范或许处于无知，后来拒绝转行却是真心。热心做教师，育人成才就成了他追求之全部，成了他幸福快乐之所在。他似乎天生就是老师，他所带的第一届学生毕业升学就使他在全县甚至武威地区出彩，后来他在古浪县教师进修学校培训教师、普及英语，家乡父老和昔日的学子至今仍赞扬、感念他。他教书有板有眼，方法创新独到。我时常与他交流，他毫无保留地把所做、所想、所思和盘托出，与我分享。他似乎言辞木讷，但一旦聊起学生，谈起教学，就眼睛放光、神采飞扬、滔滔不绝。他能成为广州市的好教师、明星教师，自然不过。且不说那种高大上的虚浮言辞，一种职业、一份工作，有这种情怀、有这种精神、有这等功夫，可谓达至境界了。业界有玉湖这样的人士，教育之幸、社会之幸！

(四)学生心目中的我

中国作家协会会员、读者出版集团广东公司常务副总经理汪泉说：

用一生的时间来做一件事，到头来，必然意味着成功。我的中学英语老师马玉湖先生是理论与实践上的践行者。自然有人会说，每个当老师的都意味着一生只做一件事，甚至只教一个专业，难道都叫成功吗？然也。只是专注度不同，成功度各异而已。马老师教我们 1988 届英语的时候，他就听 BBC 练口语；他几乎把前后 30 年的历届高考英语试题记得烂熟于心；把 30 年来不同版本的教材挖了个透彻。此外，稍有收获，他便立即写成论文，在报纸上发表，以便广泛交流。这就是专注度！这令我想起“掘井”的意义，不同深度，有不同的到达者；不同深度的到达者，意味着不同程度的成功；但真正掘出水的人，只有一个标准，就是到达特定的深度。驽马十驾，功在不舍。谨此祝贺老师！

元赫(中山)软件科技有限公司董事长、总经理，台湾佳杏软件科技有限公司副总经理景太雄说：

1994 年 8 月 24 日，我来到甘肃省古浪三中高一(2)班读书，马玉湖老师是英语老师，也是班主任。马老师给我的记忆极为深刻，并影响了我的人生轨迹。

高一第一学期期中考试，全班只有我英语不及格。从此，马老师总叫我到他办公室“吃偏食”，课堂上他提问我简单的问题，及时予以表扬和鼓励，使我对英语产生了浓厚的兴趣，更重要的是，他影响了我对人生的追求。

2003年大学一毕业，我和徐建平就来到广东，在广东打拼，如今开办公司。我感到，马老师对学生的影响很重要、很深刻，他用爱心哺育学生，用责任心教书育人，用他的人格力量感染学生，同时学生也传递着他所施予的爱心，回赠社会。这就是马老师演绎的真实的教书育人的先进典范。

广州市增城出入境检验检疫局干部刘圣雨说：

语言之美在于为人类搭起沟通的桥梁。无论旅行还是工作，你总会发现，懂一门外语，一切都会轻松自如。每当享受这一切时，我自然会想起当年马玉湖老师在荔城中学课堂上的谆谆教诲。

马老师笑容满面，耐心待生，乐于分享他有趣的经历。他勇于创新，敢于实践，从未陷入“经验”的怪圈。他始终针对层次不同的学生，运用相应的教育策略和教学方法施教。他刻苦钻研，仿佛就像一个饥渴的孩子，不停地吮吸着教育教学的乳汁，壮大自己，回赠别人。我们总是在不同刊物上看到他的论文、教研成果。大学毕业后做公务员，我仍没有放弃英语学习，那是因为马老师用他的亲身经历告诉我们——世界，真大！你需要用英语去开创，去开创属于你的一番新天地。或许今天你用不着英语，明天却可能会用到。

广东美成达信息咨询有限公司项目经理张丽梅说：

马玉湖老师是我高中三年的英语老师。印象中，马老师是一位笑容可掬的学者。在学生朗朗的读书声中他总会以眼神示意顽皮的学生，以“马氏幽默”警示他们“认真读书，好好上课”。他的教育理念、教学实践和兴趣见闻常常会使课堂妙趣横生，令学生学而不疲。马老师的教学，正统却不缺乏趣味，高雅却不缺少幽默。多年的教学积淀和教学创新，使他形成了独特的教学风格。在教学生涯中，他孜孜不倦的追求成就了他教育大家的风范。

在一次小型聚会中，我体会到马老师作为一位教育者所付出的辛劳。他孜孜不倦地孕育着社会未来的栋梁，以身作则为学生树立好榜样。在我看来，师者最重要的不只是师技而应是师德，二者却在马老师身上得到完美的结合。他既把英语专业知识教给我们，又把儒家的良好人格品质传授给我们。在马老师的指导下，我们才能真正健康活泼地茁壮成长。

英语是一种必不可少的工具。作为文案助理，我每天在处理各种各样的英文官方文件；作为项目经理，我整天与美国合作方洽谈多项事务，英语已成为我工作和生活中不可或缺的组成部分。作为一位中山大学非英语专业的毕业生，我能从事外语工作，这一切应该深深地感谢马老师。高中三年，他陪伴我、教育我、敦促我，让我打下了坚实的英语语言基础，如今我受益无穷。我曾在全国大学英语四级考试中荣获全院第一名的好成绩，这与高中时的英语学习截然分不开。

参考文献

CANKAO WENXIAN

1. 蔡基刚．中国大学英语教学路在何方．上海：上海交通大学出版社，2012.
2. 广州市教育局教研室．广东“3＋X”高考模式备考研究．广州：华南理工大学出版社，2002.
3. 龚光明．翻译思维学．上海：上海社会科学院出版社，2004.
4. 郭思乐．教育激扬生命——再论教育走向生本．北京：人民教育出版社，2007.
5. 黄宪，黄丽燕．行动与创新．广州：华南理工大学出版社，2007.
6. 黄子成．英语高考研究与备考实践．北京：机械工业出版社，2004.
7. 胡春洞．英语学习论．南宁：广西教育出版社，1996.
8. 刘爱伦．思维心理学．上海：上海教育出版社，2002.
9. 程琪龙．认知语言学概论——语言的神经认知基础．北京：外语教学与研究出版社，2001.
10. 朗声教育教学测评研究中心．朗声高中英语课堂同步诠案(必修 3)．广州：广州出版社，2017.
11. 马玉湖，刘兴莹．广东高考英语命题解密与专题演练．广州：广州出版社，2010.
12. 马玉湖，潘殿仁．高中英语写作导与练．广州：广东人民出版社，2013.
13. 彭聃龄．语言心理学．北京：北京师范大学出版社，1991.

14. 王福祯．英语句子辞典．成都：四川辞书出版社，2002.
15. 王蔷，陈则航．中国中小学生英语分级阅读标准(实验稿)．北京：外语教学与研究出版社，2016.
16. 闫德明．如何形成教学风格——基于实践智慧的理论审思．北京：中国轻工业出版社，2013.
17. 朱纯．外语教学心理学．上海：上海外语教育出版社，1994.
18. 张勇先．英语发展史．北京：外语教学与研究出版社，2014.
19. [美]鲁道夫·阿恩海姆．视觉思维．滕守尧，译．成都：四川人民出版社，1998.
20. [美]Robert J. Sternberg，Louise Spear-Swerling. 思维教学：培养聪明的学习者．赵海燕，译．张厚粲，审校．北京：中国轻工业出版社，2001.

后记

HOUJI

学英语，有人轻松，有人辛苦。轻松者，不见得无收获；辛苦者，不一定无建树。究其原因，除了勤奋，还要有科学有效的学习方法。当然，还有其他诸多因素，这就需要摸索、探究、归纳、总结和反思，这样才能使英语语言学习得以升华。本书正是基于这样的理念从教中探究、提炼而著成。

学海无涯，一叶扁舟拾贝；教海无垠，三尺讲台苦渡。

求知授业，孜孜不倦问道；吃苦品甘，默默无闻索途。

学而勤奋刻苦，收益颇多；用时搜肠刮肚，方恨寡少。

不辞劳苦以作，所得尚浅；无求名利以安，疑惑颇深。

正因如此，摸爬滚打，上下求索；有感而发，遂成此书。

本书以亲身经历为线索，以教学感悟为指引，集归纳、总结、反思为一体，透视语言教学中的所思所悟而成章节。

本书得以出版，离不开广州市教育局的鼎力支持，离不开增城区教育局和荔城中学领导的推荐，离不开周丽红校长的鼓励和韩焰明校长的支持。

在撰写中，我得到了广东第二师范学院闫德明教授和王淑杰博士给予的切实指导、广东五邑大学朱涛教授和张秀芝教授给予的谆谆教诲和热情鼓励，得到了增城区教育局教研员潘殿仁老师的支持，得到了任士见、吴天学老师对书稿文字和结构所给予的具体指导，还有刘兴莹、马玉奇、田金祖、刘菊华、陈应妮、王瑞英、马玉彪等老师与亲友的悉心审阅，张继添老师和英语科组老师付出的辛勤劳动，尤其是中国作家协会会员、读者出版集团广东公司常务副总经理汪泉的帮助构思，以及中山大学硕士研究生马浚伦的协助，在此一并表示衷心的感谢。

诚然，书中内容虽经反复推敲，但因本人水平所限，疏漏之处难免，恳请读者批评指正！